POMBA-GIRA
CIGANA

Maria Helena Farelli

POMBA-GIRA
CIGANA

magias de amor,
sorte, sonhos,
reza forte, comidas
e oferendas

2ª edição
5ª reimpressão

Rio de Janeiro
2017

© 1999 **Maria Helena Farelli**

Produção editorial
Pallas Editora

Revisão
Maria do Rosário Marinho
Léia Elias Coelho

Capa
Leonardo Carvalho

Ilustração de capa
Detalhe de Sherazade (1897), de Max Slevogt (1868 - 1932)

Ilustração de miolo
Renato Martins

Todos os direitos reservados à Pallas Editora e Distribuidora Ltda.
É vetada a reprodução por qualquer meio mecânico, eletrônico, xerográfico etc. sem a permissão prévia por escrito da editora, de parte ou da totalidade do conteúdo e das imagens contidas neste impresso.

CIP-BRASIL. CATALOGAÇÃO-NA-FONTE.
SINDICATO NACIONAL DOS EDITORES DE LIVROS, RJ.

F23p   Farelli, Maria Helena.
2. ed.   Pomba-gira cigana: magias de amor, sorte, sonhos, reza forte, comidas e oferendas / Maria Helena Farelli. [ilustrações Renato Martins] – 2.ed. – Rio de Janeiro : Pallas, 2001
          116p. : il.
          ISBN 85-347-0285-3

1. Cigana (Pomba-gira). 2. Exu (orixá) – Culto.
3. Cultos afro-brasileiros. I. Título.

99-0726   CDD 299.64
                                           CDU 299.6.34

Pallas Editora e Distribuidora Ltda.
Rua Frederico de Albuquerque, 56 - Higienópolis
21050-840 - Rio de Janeiro - RJ
Tel.: 2270-0186
pallas@alternex.com.br
www.pallaseditora.com.br

SUMÁRIO

Apresentação / 7

Primeira Parte: Os Ancestrais da Pomba-gira Cigana / 9

   Capítulo 1. Deuses e Demônios /11
   Capítulo 2. Os Ciganos pelo Mundo / 15

Segunda Parte: Pomba-gira Cigana e Espíritos Ciganos / 23

   Capítulo 1. Pomba-gira Cigana / 25
   Capítulo 2. Oferenda para os Espíritos Ciganos / 28
   Capítulo 3. Adivinhações dos Espíritos Ciganos / 30
   Capítulo 4. Pontos Cantados de Pomba-gira Cigana e do Povo Cigano / 33

Terceira Parte: Magia das Cartas / 45

   Capítulo 1. Segredos das Pomba-giras Ciganas / 47
   Capítulo 2. Novas Energias com as Cartas do Tarô / 56

Quarta Parte: Magia de Amor / 63

   Capítulo 1. O Ritual do Amor Cigano / 65
   Capítulo 2. Santas Protetoras do Amor / 68
   Capítulo 3. Magia da Lua / 72

Quinta Parte: O Dom da Vidência / 77

   Capítulo 1. No Templo da Magia Cigana / 79
   Capítulo 2. Espelhos Mágicos Ciganos / 83
   Capítulo 3. Desvende o Futuro com Três Dados / 86
   Capítulo 4. Ciganas Mostram o Mistério dos Sonhos / 91
   Capítulo 5. O Destino nos Sinais do Corpo / 105

A Autora / 113

 ## APRESENTAÇÃO

Este livro fala de duas entidades polêmicas: os Espíritos Ciganos e a Pomba-gira Cigana. A recente moda da magia cigana fez com que o tema se tornasse foco do interesse de pessoas com as mais variadas origens religiosas; trajes e altares ciganos, baralhos e feitiços ciganos, oferendas e festas ciganas foram descobertos por pessoas que antes talvez nem se interessassem por esse tipo de ritual.

Daí surgiu uma grande confusão: os mais tradicionais seguidores da Umbanda sabem que, dentro da Linha do Oriente, sempre existiram as falanges do Povo Cigano; entretanto, muita gente que hoje tem seu altar cigano pensa que nada tem que ver com a Umbanda, e nega essa ligação.

Muita gente também fica indignada quando ouve falar de Pomba-gira Cigana, pois pensa que, se os ciganos são "do bem", não podem ter ligação com os Exus. Mas essa aproximação tem sua lógica: afinal, quando encarados sem preconceitos, os Exus são os donos dos caminhos; se os ciganos são os viajantes por excelência, como poderiam ficar totalmente de fora do Povo da Rua?

A presente obra procura desfazer essa confusão. Contando já com várias edições, este livro passa agora por uma total revisão e por uma ampliação de seu conteúdo. Preservando a simplicidade que o tornou tão acessível ao grande público, a obra fala das origens das entidades ciganas, oferece informações básicas sobre seu culto, descreve seus métodos adivinhatórios e ensina magias e orações tradicionais.

Aqueles que têm este livro entre as mãos, pela primeira vez, podem esperar momentos de encantamento e prazer; aqueles que já o conheciam sob sua antiga forma irão descobrir nele muitas novidades úteis e interessantes.

Os Editores.

PRIMEIRA PARTE

OS ANCESTRAIS DA POMBA-GIRA CIGANA

CAPÍTULO 1
DEUSES E DEMÔNIOS

Nas dobras de seu vestido, Pomba-gira Cigana, pressente-se o fogo de outras eras, quando o incenso queimava e o aloé soltava as amarras do sonho. No seu sorriso, Pomba-gira Cigana, imagina-se o brilho das fogueiras das vestais. Em seu culto erótico e galhofeiro, estão os restos das cinzas das madeiras resinosas de Pompéia, de Herculanum e da lendária Posseidonis.

Conta a lenda que tudo começou com a mítica Atlântida. De lá, da antiga Posseidonis, teriam vindo as histórias sobre o casamento do Céu com a Terra. A deusa Cibele, a Mãe-Terra, era o símbolo da fecundidade e da transformação; se observarmos com atenção as deusas da Idade Antiga, veremos que Cibele apresenta a mesma concepção da Astarot/Astarté fenícia; de Ceres e Vênus em Roma; e de Semeie, deusa grega dos vegetais. Na África, Iemanjá representava a mesma concepção, sem dúvida com a mesma origem; e, segundo os primeiros pesquisadores do assunto, haveria entre os Tupis brasileiros a crença em Tupana, mãe de Tupã, que não seria outro além de Pã, deus da natureza. Da fecundação de Cibele foi gerado Pã, senhor de toda a natureza perecível, figurado como um fauno com cascos de bode, barbicha e pequenos chifres, e usando como instrumento mágico a flauta.

As deusas da Antigüidade Oriental eram representadas, muitas vezes, com uma criança ao colo e vestindo um manto enorme, cheio de flores e estrelas. Cibele, Carmona, Caerimona, desenhadas conforme descrevemos, porque eram todas deusas-mães. A Deusa, a Grande Mãe dos gregos, vem das primeiras deusas da humanidade: mães gordinhas, que geram filhos; mães da agricultura, Cibele; Vênus de Lascaux, da Áustria, do Neolítico; matriarcas com seus filhos gamos, cervos, pãs, selenos, bodes, deuses de luxúria, deuses do começo do mundo... ainda brincando com os seres humanos... ainda vivos na poeira dos tempos, como a eterna Ciganinha Poerê.

Para guardar a morada terrena dessas divindades, nasceram as ordens das vestais, que deveriam manter vivo o fogo sagrado. Dioniso e sua mãe Kore recebiam oferendas de vinhos, resinas e animais de sangue quente.

Mais tarde, na época inicial do Catolicismo, o clero procurou combater os cultos da Antigüidade, que concorriam com as doutrinas da Igreja. Para isso transformou as características divinas de Cibele e de Pã em caracteres demoníacos. Assim, os cascos de bode, remanescentes de cultos fálicos e de fertilidade, tornaram-se símbolos de Lúcifer, o demônio católico. Nas orgias romanas e helénicas, dedicadas às deusas da fertilidade, os primeiros Doutores da Igreja encontraram o pretexto necessário para combater essas divindades populares: tais cerimônias, originalmente símbolos da fertilidade e que degeneraram através dos séculos, passaram a ser interpretadas como festas demoníacas contrárias a Deus. O fogo ritual foi mais um elemento que ajudou o clero a formar uma idéia errada sobre esses cerimoniais, proibindo-os mais tarde.

Assim, das deusas orgiásticas nasceram as lendas das mulheres-demônios, todas descritas com rara beleza e muita fantasia popular.

Durante séculos, a Igreja lutou para afastar essas lendas da mente do povo. Entretanto, as sibilas romanas e as pitonisas gregas nunca foram abandonadas pela religião popular. Sem perceber, o povo recria mitos e lendas, incorporando heranças milenares em seus conteúdos. Na Itália, no início da Idade Moderna, ainda existia o culto a Príapo, deus fálico e lascivo, que era adorado nas aldeias e que rivalizava com as doutrinas ocidentais. Até hoje, nos grandes centros urbanos, vivem as videntes, mágicas, adivinhas e cartomantes, todas as mulheres predestinadas que podem ver o futuro.

De geração em geração passam as lendas, e são acrescidas de fatos miraculosos de cada época; porém, o fundamento dessas histórias e mitos é sempre mais ou menos o mesmo: o sol, a fertilidade, os fenômenos da natureza e nosso eterno medo... E das antigas orgias fálicas nasceram demônios, exus, mitos do fogo, das trevas, de punição... fúnebres conclusões.

Nas festas dos *hippies*, que lembram antigos rituais satânicos, aparece a nova personificação da mulher-demônio, com guizos nas mãos e flores nos cabelos, dançando ao som de guitarras elétricas, chocalhos e palmas. Nas festas de Umbanda, a rainha Pomba-gira Cigana recebe presentes, colares, bebidas e rendas para enfeitar suas saias. Nos cultos negros do Haiti, realizados nas portas dos cemitérios, uma figura recebe um culto especial e os cânticos mais alegres: é a mesma mulher do demônio, a eterna deusa da volúpia e do pecado. E o nosso passado sensual retorna em plena era espacial, na figura do demônio de saias, a milenar senhora da luxúria e da alegria...

Afinal, o "satanismo" sempre existiu, assim como o culto do prazer e da luxúria. Na realidade, não há razão para o mundo atual ficar tão assustado com o crescimento da bruxaria, da magia negra, do retorno às práticas pagãs. Isso sempre foi do uso do homem, de sua loucura, de sua arte, de seu mundo onírico, de sua libido, de sua espera; e agora que o fantástico nos é apresentado através das viagens espaciais, dos discos voadores, do telefone vermelho, da energia atômica, da teoria da relatividade vamos nós, pobres mortais, esperançosos, buscar mais uma vez no baú das lendas um pouco de consolo...

Mas, no dia em que todas as lendas forem aceitas apenas como lendas, no dia em que forem respondidas todas as perguntas sobre nossa origem e sobre os mistérios do Cosmo, no dia em que o homem encontrar a sua verdade, neste dia, poderemos vislumbrar a face do Deus uno, o Criador.

CAPÍTULO 2
OS CIGANOS PELO MUNDO

Ciganos no Brasil

Há dois grupos de ciganos no mundo: os roms e os calés ou calons. Os roms são orientais e os calons, ibéricos. Os ciganos calés foram os primeiros que vieram para o Brasil, como degredados, na época da colonização de Martim Afonso de Souza. O primeiro cigano chegou ao país em 1534; chamava-se Joan de Torres.

Em nossas terras, há uma colônia cigana não muito pequena.

No Rio de Janeiro, os ciganos chegaram a ser tema de telas de Debret; uma rua chegou a ser chamada Rua dos Ciganos. Segundo Melo Morais, grupos de ciganos fixaram-se junto aos entrepostos de escravos. Viviam então na atual Cidade Nova, em torno do antigo Valongo, da Prainha e da Saúde.

No bairro da Saúde, no Rio de Janeiro, ainda moram ciganos. Eles querem apenas praticar suas magias, comer suas comidas e viver suas vidas. Certa vez, fiz contato com esse grupo; falei do meu Templo, de meus estudos e fui bem recebida. O chefe do grupo contou-me algo sobre sua vida atual:

No mundo não há mais lugar para nômades. Para quem tem por patrimônio apenas uma língua, que nem sequer é escrita; que ainda pune os erros do grupo pela Rriss; e para quem o cigano que procurar casamento fora do grupo é um "labrego", não existem muitas chances. Até nossas comidas não comemos mais.

Há alguns anos, os ciganos fizeram um Congresso em Genebra. Nele não reivindicaram terras ou outro governo; só pediram o direito à liberdade. Pediram o fim das perseguições e dos preconceitos."

De outra vez, ao visitar um acampamento no interior do Estado, foi a idosa mãe da tribo quem me falou sobre sua história. Contou-me que sua genie, que está agora no Rio de Janeiro, vem dos ciganos da Espanha, depois de ter andado por toda a Europa.

" – Nunca morei numa casa, a não ser por um curto período em que estudei com um frade. Lá, eu olhava as janelas compridas, estreitas e ogivais, e sonhava com os carroções do meu povo", conta a cigana, com um sorriso simpático. E prossegue: "– Num dia em que a lua avermelhada atravessava as vidraças, não pude mais. Voltei para a tribo. Isso foi há 45 anos. Há tapeçarias penduradas cobrindo as paredes da carroça que vieram dessa casa. O resto que há por aqui espalhado é de minha família. As taças coloridas, os talismãs, os guizos, as almofadas, até minha figa e minha argola, foram de minha mãe. Ela nasceu na Ucrânia, e eu, na Espanha."

Indago qual é o poder da figa estranha que ela usa: "– É contra todas as cargas negativas, contra morbidez, olho-grande, inveja, vida com caminhos fechados."

Caminhantes que passam espiam curiosos as carroças e barracas, mas não se atrevem a entrar no acampamento, pois é crença comum que muitos ciganos são ladrões; outros têm até a fama de roubar crianças. Mas eles estão cheios de ouro: um serafim de asas douradas enfeita os cabelos da cigana, há um refulgir de pedras coloridas em seus dedos. Ela não precisa roubar, não é?

FEITIÇO CIGANO EM TOLEDO

Muitos ciganos brasileiros vêm de Portugal e da Espanha, a terra dos calons ou calés, os ciganos ibéricos. Lá fui, certa vez, em busca de conhecimento sobre suas tradições.

A cidade de Toledo é uma pequena jóia lapidada situada no centro da Espanha, às margens do rio Tejo; é vermelha, abafada, sumarenta como um fruto. Quem a visita sente o fascínio de suas altas muralhas medievais, nas quais se erguem em harmonia construções dos mais diversos estilos arquitetônicos. Centro estratégico romano e capital dos visigodos, depois do reino de Castela e da Espanha unificada no século XV, Toledo soube mesclar todas essas influências. Nela também se encontra a herança dos conquistadores mouros, que dominaram a região entre os séculos VII e XI, e dos judeus sefaradinos, que viveram ali antes dos cristãos.

A cidade é um centro de arte. Encontram-se nela igrejas, mesquitas e portas maravilhosas; todas testemunham a convivência entre as culturas. A mais linda é Santa Maria la Blanca, resto do antigo esplendor da Alhambra de Toledo, erguida por Jusef ben Sossan em 1200; hoje igreja, mas antes sinagoga. É clara e cheia de luz; ostenta medalhões e colunas coroadas por lírios e estrelas de Davi (símbolos que aparecem em várias partes da cidade, testemunhando o milenar espírito alquimista de Toledo, até hoje presente). A porta Del Cambron, ou a Bad al-Yahud (a Porta dos Judeus), fica no meio dos guetos árabes. Na majestosa catedral gótica, erguida a partir do século XIII, há uma capela destinada aos ritos moçárabes, dos cristãos arabizados.

A Judería é o bairro judeu da Idade Média. Lá, em um salão na sinagoga, fica o Museu Sefardí. Nele destacam-se grandes lápides de granito, do antigo cemitério toledano, do tempo da peste negra, ocorrida em 1348 e 1349; nas vitrines de utensílios vemos Torahs, lâmpadas para a festa de Hanukkah, bandejas e taças de Pesah e trajes de casamento dos judeus.

Mas em Toledo vive outro povo, que só chegou à Espanha no século XV e que utilizou armas diferentes na sua conquista. São os ciganos calons, criadores do flamenco – uma dança quente e sensual, com um ritmo a um só tempo febril e melancólico, na qual a alma gitana se derrama inteira.

Podem ser vistas, em meio às riquezas das várias culturas que convivem na região, caravanas de ciganos, com seus cavalos enfeitados com correntes de moedas, dando um toque adicional à magia que se derrama por toda a cidade.

Encontrei na cidade um grupo que havia chegado de Sacromonte, sua moradia, que fica nos arredores de Sevilha. Esse grupo instalou-se em Toledo no século XV; guardando aí seus baús com moedas, talismãs e máscaras de feitiço.

Quando os vi, estavam junto à Porta dos Leões, da Catedral de Toledo; cantavam em louvor à Virgem de Macarena, a padroeira das tribos calons (Sara é padroeira dos roms). Perguntei ao chefe cigano (o barô) se eles ainda se lembravam da origem de seu povo; acendendo um charuto e olhando-me de lado, respondeu:

" – Os ciganos são uma raça nômade. Viemos do subcontinente indiano. Foi por volta do ano 1000 que viemos rumo a oeste. Hoje estamos espalhados pelo mundo todo. Somos cerca de dez milhões de pessoas. Sofremos grandes perseguições; a última e mais terrível foi no regime nazista. Aqui na Espanha, somos bem tratados. Aqui, falamos a língua caló, mistura do romano (do grupo rom) com o espanhol. Esta língua nos une, pois com ela nos entendemos em todas as partes do mundo. Gostamos de trabalhar com cobre, cestos, cavalos, e de ler a sorte. Temos um forte senso de auto-identificação. Somos chamados de gitanos, boemianos, zíngaros, ciganos e gypsies. Somos caldeireiros, latoeiros, negociantes de cavalos e carros, e praticamos a magia. Acreditamos em espíritos, e tememos os mulô (fantasmas)."

Passeando pela cidade, encontrei outro grupo de ciganos, estes pobres, com crianças magrinhas;

seguravam ramos de azevinho nas mãos, pedindo uma moeda a quem passava. Alguns cantavam e dançavam o flamenco, enquanto caía a noite e a lua brilhava redonda, qual um espelho nos céus.

CIGANOS NA GRÉCIA

Existem ciganos em Atenas. Pertencem ao grupo Rom. São pobres e tristes, vivem mal e muitos turistas fogem deles com medo, pois muitos ciganos gregos aproveitam os turistas para ganhar algum dinheiro.

Atenas é muito movimentada. Não é mais a cidade de Pã e Príapo, dos faunos correndo pelos campos, do tempo em que Pallas Atenéa governava com sabedoria. Pallas foi a grande-mãe de Atenas antiga. Seu templo ainda está de pé, com suas lindas colunas; cariátides o espiam do lado esquerdo. E Atenéa, a grande deusa da sabedoria, está no museu ao lado. À noite, os gregos fazem ali um teatro ao ar livre, com bonitos efeitos de luz.

Todas as noites os belos jovens dançam nas "boites"; talvez sejam os descendentes de Dioniso, meu amado deus da alegria, e de seu cortejo de Selenos, faunos chifrudos e fálicos, de pés de bode e olhar de estrelas. Há muitos jovens em Atenas; e muitos faunos em pedra nos monumentos da cidade. A arte helénica é magnífica, e toda a cidade respira e consome arte. Zeus deve sorrir, lá de sua montanha de néctar e ambrosia.

Atenas é hoje uma cidade de vida rápida, que não liga muito para os seus turistas, porque eles chegam aos milhares; e dentre esses milhares lá estive eu, certa vez, encantada com a beleza das antiguidades.

Vi os ciganos junto ao Templo de Pallas Atenéa. Conversei com um velho cigano de compridos cabelos brancos, que mascava fumo, e cujos olhos já haviam visto de tudo, a riqueza e a pobreza, o amor e o desamor, pelas estradas de Atenas. Ele falou-me sobre as magias do seu povo; e depois se foi, caminhando devagar pelas pedras que levam ao templo da grande deusa.

SEGUNDA PARTE

POMBA-GIRA CIGANA E ESPÍRITOS CIGANOS

CAPÍTULO 1
POMBA-GIRA CIGANA

Nossa Pomba-gira, além de arrastar em seu vestido todas as concepções degeneradas do mito da fertilidade, ainda carrega mitos africanos de eguns, de totens e de entes aborígenes, como os que povoam a lenda da morte entre os tupis e as histórias católicas das mulas-sem-cabeça e das almas penadas. Assim, Pomba-gira é uma entidade nascida das crenças populares e de restos da história das religiões antigas. Porém, à luz das teorias de Kardec, o que é ela? Apenas um espírito atrasado que se prende a vícios terrestres... Será esta a verdade?

À luz da Umbanda, Pomba-gira Cigana é mulher de sete maridos, senhora da noite, rainha da madrugada, vencedora de demandas, moradora dos cruzeiros, das encruzilhadas, dos cemitérios.

Na Bahia, Pomba-gira Cigana não dança no terreiro; mesmo assim, recebe seus agrados fora do barracão, pois tratar mal uma "deusa tão poderosa e farrista" seria perigoso. Pomba-gira é invocada nos Candomblés depois que a filha-de-santo conhecida como dagã presenteia Exu ou Legbá com o padê de azeite de dendê e farofa. As mulheres, então, cantam uma cantiga que Edison Carneiro, o grande etnólogo e folclorista, assim registrou:

"Bombogira
Vem tomar xoxô
Bombogira
Vem tomar xoxô"

Longe da presença da mãe-de-santo, entretanto, as mulheres baianas deixam Pomba-gira Cigana entrar em suas casas de cômodos, em seus velhos quartos nas ladeiras da cidade pobre, e para ela oferecem cachaça e fumo, fitas vermelhas e velas.

No Catimbó, a zoada dos atabaques e gritos é máxima quando chegam Dona Padilha e Maria Molambo, acompanhadas por Seu Boiadeiro. Lá, no meio de muita festa e algazarra, a mulher de chifres e vestido vermelho e negro abre a gira mais querida do povo do sertão.

Na Quimbanda, Pomba-gira tem vários nomes. Essa diaba tem hostes de "mulheres" da encruzilhada para personificá-la. Maria Padilha, Sete Encruzilhadas e Cigana estão entre as mais conhecidas. Seus trabalhos são feitos com cachaça ou licor de anis; seus cânticos apresentam um traço erótico constante, como mostra a seguinte cantiga:

"Pomba-gira é mulher de sete maridos,

Não mexa com ela, Pomba-gira é um perigo."

O povo conhece essa entidade pelos apelidos de vencedora de demandas, vencedora de guerras, mirongueira; é considerada mulher perigosa, cheia de artimanhas e dengues.

POMBA-GIRA CIGANA

Seu culto atinge as raias do pesadelo: as mais estranhas práticas são usadas e as mais complicadas fórmulas ritualísticas podem ser nele observadas. É comum o uso de pipocas, punhais, rosas (características das festividades orgiásticas da Antigüidade), cigarrilhas, pólvora, velas, azeite, ovos e galinhas. O enxofre também é muito usado. O bode, uma das lembranças mais fortes do nosso mundo do passado, também é constante nas ofertas a Exu e a sua mulher.

CAPÍTULO 2
OFERENDA PARA OS
ESPÍRITOS CIGANOS

Os Espíritos Ciganos da Linha do Oriente são muito diferentes da Pomba-gira Cigana.

Se eu fizer uma oferenda a um Espírito Cigano, o que devo oferecer? Quais são as comidas preferidas dos ciganos?

Assim me contou um velho cigano: " – Nossa comida não pode ser feita por mulher impura (menstruada). Gostamos de comer coelho, feito no caldeirão da fogueira; gostamos de frutas, de pão e de ouriço-caxeiro. Gostamos também de caça; caçamos com a ajuda dos cachorros. O porco-espinho (ouriço) é o nosso prato predileto, e o chamamos de "niglo"; mas na cidade é impossível achá-lo. Gostamos de lebre ("barzoi") e de frango na panela (escudela), antiga receita vinculada ao ciclo de Natal da região de Barcelona. Gostamos de lentilhas, arroz, feijões, repolho,

OFERENDA PARA OS ESPÍRITOS CIGANOS

ovos e vinho. Cerveja também. Fumamos muito, desde pequenos."

Bem, então, se vamos fazer uma oferenda para um espírito cigano, devemos colocar frutas em uma escudela, vinho, pão, velas coloridas e perfumes, incenso e flores silvestres, moedas e lenços (dicló). Assim estaremos homenageando um espírito cigano. Essa oferenda não pode ser parecida com o padê de Exu, que nada tem que ver com a Linha dos Ciganos...

CAPÍTULO 3
ADIVINHAÇÕES DOS
ESPÍRITOS CIGANOS

Nas festas das Ciganas, além da alegria gritante e da adoração do fogo, da chama ardente e fecunda, observam-se também as previsões, através da interpretação de baralhos, de moedas e das linhas da mão.

Esses espíritos, que baixam nos terreiros, hoje, em grandes falanges - a Pomba-gira Cigana, a Cigana do Oriente e os Ciganos do Oriente –, praticam várias adivinhações. Não basta ler as cartas; isto é pouco.

Eles lêem a sorte por meio de:

* sideromancia – um antigo ritual que consiste em jogar palhas em um ferro quente e adivinhar o futuro a partir das formas peculiares que surgem daí. O cigano Wladimir, por exemplo, trabalha assim;

* passeomancia – adivinhação através de folhas de chá ou borra de café. Esta é considerada uma das

**ESPÍRITOS CIGANOS

mais aristocráticas maneiras de fazer previsões. O método foi criado pelos italianos, no século XVII, mas obedece a conhecimentos medievais;

* sicomancia – é o método que consiste em escrever os nomes das pessoas em folhas de figueira e deixá-las secar; se as folhas secarem rapidamente, indicam má sorte;

* cristalomancia – é feita através da bola de cristal;

* datilomancia – por meio de anéis;

* piromancia – pelo fogo ou por intermédio de fogueiras;

* lampadomancia – é feita por meio de lâmpadas coloridas, velas de cor ou tochas;

* astromancia – por meio dos astros;

* quiromancia – pelas linhas da mão;

* halomancia – por meio do sal;

* hidromancia – por meio de copos ou bacias com água;

* floromancia – por meio de folhas e flores.

Assim, podemos ampliar nossos trabalhos de magia cigana e de feitiços zíngaros. Não basta ler cartas, se temos outros métodos de ler a sorte. E nunca devemos dizer que somos ciganos se não o formos realmente; devemos dizer: "Eu trabalho espiritualmente com um Cigano ou com uma Cigana."

CAPÍTULO 4
PONTOS CANTADOS
DE POMBA-GIRA CIGANA
E DO POVO CIGANO

Ponto de Espírito Cigano

> Cigano velho
> Cigano não tem morada
> Morada de cigano
> É na beira da estrada. (bis)

Cartada Cigana

> Bem que eu lhe avisei,
> Que você não jogasse
> Esta cartada comigo.
> Você parou na dama,
> E eu parei no valete.
> Amigo, você não me engana,
> Pois ela é a Cigana Pogiana.

Ponto de Chegada do Cigano Wladimir
(de Maria Helena Farelli)

> De longe eu vim,
> Eu caminhei sete pedreiras,
> Eu passei por cachoeiras,
> Aonde mora aieieu.
> Mas, na campina,

Onde a lua é prateada (bis)
Eu sou cigano na alvorada,
Sou Wladimir e sou mais eu. (bis)

RAINHA DO CANDOMBLÉ

Mandaram um recado para mim,
Dizendo que seu Marabô ia chegar.
Também mandaram dizer
Que vem acompanhado de mulher.

É Maria Molambo,
E uma cigana qualquer,
Também uma linda mulher,
Maria Padilha, Rainha do Candomblé.

POMBA-GIRA CELINA

No lodo da praia
Uma rosa brotou,
No lodo da praia
Pomba-gira chegou.

Celina, Celina, Celina,
A Pomba-gira de fé,
Celina, Celina, Celina,
Uma rosa, uma mulher.

NOITE DE MAGIA

Deu meia-noite,
Tem coruja no telhado;

Hoje é noite de magia,
Pogiana vem aí.
Quando ela vem,
Santa Sara é quem guia;
Nesta noite de magia,
O fluido é do amor.

Ela trouxe rosas,
Fitas e velas perfumadas.
E lá na capela o sino já bateu;
Na encruzilhada o galo já cantou;
Vamos acender a chama,
Chama do fogo do amor.

Amor que hoje
Está faltando nos terreiros;
Está faltando em sua casa. (bis)
Falta então no mundo inteiro.

CIGANO REI
(DO TEMPLO DE MAGIA CIGANA)

Na Umbanda ele é rei,
Na estrada um cigano é.
Trabalha na magia,
Seus trabalhos têm axé.

Quando chega no terreiro,
Ouço o seu gargalhar;
Tocando o seu violino,
Faz as Pombas-giras vibrar.

Já deu meia-noite,
E é noite de luar;
Rei cigano no terreiro,
Faz a Umbanda vibrar.

CIGANO PABLO

Triste foi o meu caminho,
Andei, neste mundo, andei;
Eu sou um andarilho,
Sou cigano, hoje sei.

Hoje sei que ao caminhar
Cumpro a minha missão;
Dou sempre o meu axé
A quem me estende a mão.

Todos me chamam de Pablo,
Não nego meu natural;
Sou cigano andarilho,
Não nego meu natural.

Nota: Pablo é um rei na alta magia zíngara. Trabalha com incenso e dados; usa o pó azul da índia para resolver questões financeiras.

FEITICEIRA SALOMÉ (PONTO DE CHEGADA)

Que moça faceira,
Pomba-gira ela é.
E uma linda cigana
E Cigana Salomé.

Feiticeira no terreiro,
Vejo mistérios no ar.
Suas fitas coloridas,
Ela traz p'ra trabalhar;
Fazendo amarrações,
Usa mel, fava e dandá.

Salomé é uma cigana
Aqui e em qualquer lugar.

Nota: Pomba-gira Salomé é uma cigana que trabalha em amarrações de amor. Para maiores detalhes, leia *Feitiços para Amarração*, da mesma autora.

SERENO CAI (DE DOMÍNIO PÚBLICO)

Deu meia-noite, o sereno cai;
Cai, cai, sereno cai.
Sereno de Wladimir,
Cai, cai, sereno cai.
Sereno da Madalena,
Cai, cai, sereno cai. (bis)

SEU MARABÔ E CIGANA DA ESTRADA

Na encruzilhada Tranca-Ruas é morador;
E lá na Porteira quem comanda é Marabô.
De capa e cartola, dizendo que é doutor;
Solta fogo, firma gira, ele é seu Marabô.
Ele é Exu, dizendo que é doutor, (bis)
Nessa hora o cigano canta,

Pula o sapo, a coruja pia;
Na porteira é meia-noite,
na encruza é meio-dia;
Ele é Exu, dizendo que é doutor, (bis)

POMBA-GIRA NA ENCRUZA (DE QUIMBANDA)

Já deu meia-noite,
E o sino já bateu;
Pomba-gira na encruza
Vem saudar os filhos seus.

Vem buscar as suas rosas,
Seu anis e sua luz;
Ela é Pomba-gira Cigana
Que todo o povo seduz.

CIGANA É UM PERIGO (DE DOMÍNIO PÚBLICO)

Pomba-gira é
Mulher de sete maridos;
Não mexa com ela,
A cigana é um perigo, (bis)

CIGANO WLADIMIR

O Wladimir
Sempre foi um bom rapaz;
Tudo que eu peço a ele,
Ele me dá.
Tudo que eu peço a ele,
Ele me dá.

Feitiço no Olhar (do Festival de Cantigas de Umbanda)

Veja você
O que me aconteceu:
Na encruzilhada (bis)
Pomba-gira apareceu.

Moça tão linda,
Tem feitiço no olhar;
Com seus tamancos dourados
Ela sabe caminhar.

Pelas saias coloridas
E o pandeiro, não me engana;
Que esta moça bonita
É Pomba-gira Cigana.

Caminhou para mim
E leu a minha mão:
Do meu passado ela sorriu então;
E o meu futuro entreguei na sua mão.

Ri, quá quá quá,
Mas que linda risada ela vai dar. (bis)
Esta Pomba-gira tem feitiço no olhar.

Cigana Madalena (de Ana Lúcia Farelli)

Um cigarro na boca,
Uma gargalhada,

E na mão tão pequena
Ela traz uma rosa.
Ela vem tão dengosa,
Ela é Madalena,
Auê Madalena, auê,
Auê Madalena, (bis)

O QUE É MEU É DA CIGANA

Ganhei uma barraca velha,
Foi a cigana que me deu;
O que é meu é da cigana, (bis)
O que é dela não é meu. (bis)
Ciganinha poeiê, poeiê, poeiá.
Ciganinha poeiê, poeiê, poeiá.

CIGANA SETE SAIAS

O Cigana,
Lê a minha mão e não me engana.
O Cigana,
Lê a minha mão e não me engana.

CIGANO WLADIMIR

Luar, ó luar
É lua cheia,
Ouço um violino tocar;
E o Wladimir,
Um cigano nesta aldeia,
Na força da lua cheia,
Vem na Umbanda trabalhar.

CIGANA DO CABARÉ

>Disseram que me matavam,
>Na porta do cabaré;
>Ela é a Ciganinha,
>Matem ela se puder.

CIGANA DE FÉ (DE DOMÍNIO PÚBLICO)

>Vinha caminhando a pé,
>P'ra ver se encontrava
>A minha cigana de fé;
>Ela parou e leu minha mão
>E disse-me toda verdade;
>Eu só queria saber onde mora
>A minha cigana de fé. (bis)

MISTÉRIOS DA CIGANA

>Cheia de mistérios,
>Está sempre a perguntar:
>Quer saber da sorte,
>Do futuro vou falar.

>Pois do futuro
>Tudo entende,
>Escrito nas mãos alheias;
>E de sua própria vida,
>Nunca diz a ninguém.

>Seu destino de andarilha
>Muito amor tem para dar;

Todos lhe chamam cigana,
Ela vive a caminhar.

Dentro da sua barraca,
Tudo é lindo e colorido,
Para esquecer o passado,
Tão marcante, tão sofrido.
Nas linhas das mãos,
Passado, presente e futuro;
Tenho certeza,
Ela nunca se engana.
Foi batizada na tribo
De Cigana Pogiana.

CIGANA ANDARILHA

Pomba-gira é andarilha,
Anda pra lá e pra cá;
Mas na porta da igreja
Ela tem que parar.

Ouviu o sino bater
E o padre dizer
Que na sua batina
Tem dendê.

Mas tem dendê, tem,
Na batina do padre tem dendê.
Pomba-gira entendeu
O que deve fazer:
E mostrar então pro padre
Que na sua saia tem dendê.

Ninguém Vai Me Derrubar

Quando o sol deixar de brilhar,
Mas quando à noite não houver luar,
Eu vou pedir à cigana pra me ajudar.

Ciganinha poerê, poerê, poerá,
Ciganinha poerê, poerê, poerá.

Mas quando o vento
Não fizer folhas cair,
E quando a chuva
Não molhar todo este chão,
Terei certeza,
É o fim do mundo então.

Mas tenho fé,
Nada vai me acontecer;
Pois é a ela que eu irei recorrer.
Ando com ela,
Dia e noite sem parar;
O que é meu é da cigana,
E ninguém vai me derrubar, (bis)

Ela é Amiga

Amiga,
Todos sabem que ela é;
Seja na Umbanda,
Ou seja no Candomblé.
Seus tamancos são dourados,

Suas saias, coloridas,
Nas mãos traz o seu baralho.

Quando chega no terreiro,
Os atabaques zoam,
Pra dizer quem ela é;
E um coro forte responde,
Ela é cigana, Ciganinha ela é.

Ela é amiga
Daqueles que têm fé.
Com uma rosa vermelha
Peça a ela o que quiser, (bis)

Ela é cigana,
Ciganinha ela é. (bis)

CIGANOS DO EGITO

No Egito tem,
No Egito mora;
Uma tribo de ciganos,
Que vai chegar agora, (bis)

TERCEIRA PARTE

MAGIA DAS CARTAS

CAPITULO 1
SEGREDOS DAS
POMBA-GIRAS CIGANAS

As cartas sempre foram usadas pelas tribos. À luz da lua, sob o brilho das estrelas, ao vento gritante, os chefes trabalham na cabala e deitam as cartas para seus consulentes na mesa ou nas areias da estrada. Eles usam o Tarô; são cartas misteriosas, são lâminas secretas. Cada carta é chamada de arcano, palavra que significa mistério.

Conta a lenda que Ísis e Osíris, enfeitados com flores e colares de contas, presidiam à cerimônia secreta de preparação das placas de ouro gravadas com as misteriosas figuras que revelavam o destino e a vida. Assim, pela necessidade de esconder os maiores segredos egípcios, nasceu o Tarô, o baralho dos deuses. Atravessando os séculos e as civilizações, o Tarô chegou à Europa, à Ásia e, mais tarde, à América.

Segundo Saint Martin, escritor e ocultista francês de grande seriedade em seus estudos, o Tarô contém os laços misteriosos que unem a Deus o homem e o universo. Não discutiremos aqui esta afirmação, nem entraremos em discussões teológicas ou sobre a relação do Tarô egípcio com a cabala; estudaremos apenas o significado do jogo de Madame Lenormand, feiticeira afamada na França, pois é este o baralho usado, atualmente, na gira de Quimbanda, a Cigana do Cabaré. Mudam os tempos, mas as velhas crenças continuam... glória aos nossos magos mulatos, nossos feiticeiros que vieram dos navegantes negros dos tumbeiros...

O TARÔ NO TEMPLO DE MAGIA CIGANA

Participo de uma sessão em que a Pomba-gira Cigana do Cabaré e Dona Maria Padilha, comandadas por Exu das Sete Estradas, mostram as tentações, os vícios, a roda da fortuna e da desgraça, ocultos entre o rei, a dama e o belo valete.

Reunidos em um clima de seriedade, os crentes saúdam Oxóssi, o rei da Umbanda, chefe dos caboclos e dos flecheiros. O canto é sublime.

Depois de aberta a gira pedindo proteção aos corredores de Macaia, chega a vez dos "compadres". É a hora da Quimbanda, da magia negra e antiga.

Sexta-feira, meia-noite em ponto: um galo é sacrificado aos Exus e a suas alegres mulheres. E aqui estamos nós, nesta caminhada mística e fantástica, à procura de uma verdade milenar, ou talvez de uma crendice tão antiga quanto a raça humana: a tentativa de desvendar o destino, o que vai além da vida material, o caminho eterno do homem...

A PRIMEIRA CARTADA DA CIGANA

Pomba-gira Cigana do Cabaré traz nas saias o segredo do sol, da lua, do rei e da dama faceira; e, entre suas gargalhadas, os naipes vermelhos e o sete de paus:

OS ARCANOS MAIORES DO TARÔ

"– Venham, clientes, deixem-me ver seus segredos."

Os atabaques gritam alto o apelo sonoro ao inconsciente da assistência. É uma gente simples, mas que conhece realmente o poder e a pureza do Tarô.

"O valete indica boas notícias, e os paus trazem a ventura", explica a Zíngara. "O navio anuncia riqueza através do comércio. A árvore é sinal de saúde. E as nuvens têm significado de boa sorte. A cobra denota desgraças, covardia e inveja em cima da pessoa." Com estas palavras, a Cigana abre o jogo, depois de bem embaralhar as cartas e de estourar uma garrafa de champanha para "refrescar a idéia".

Seguro o baralho de cartas e pergunto:

– Vejo a carta de número 34, que tem o rei de ouros na parte de cima e peixes na parte de baixo; o que significa?

" – Esta carta significa fortuna no mar e uma série de empresas felizes. É uma boa carta. Traz sorte. " Afirma a Cigana.

– Agora vejo a carta de número 31, com um sol radiante. O que quer dizer?

"– Vos assegura, e a todos que a puxarem dentre as outras do baralho, a constância da felicidade", confirma Pomba-gira.

Observo um consulente que se aproxima da Rainha do Cabaré e pergunta qual é a sua sorte. Ela embaralha o jogo e retira sete cartas:

1 PASSADO PESSOAL	**2** PRESENTE PESSOAL	**3** FUTURO PESSOAL
4 PROBLEMA	**5** SITUAÇÃO ATUAL	**6** CAMINHO
	7 RESULTADO	

UMA JOGADA COM SETE CARTAS

" – Número 1 é o prestidigitador; número 11 é a força; número 17 é a estrela; número 21, o mundo e número 0, o bobo... amigo, você anda meio enrolado... mas vamos dar um jeito nisso, estamos aqui para trabalhar... Eu, Dona Padilha e Dona Molambo."

E as Pombas-giras dançam alegremente, ao som de uma "curimba" forte e mágica.

A iniciada que tem Seu Sete Estradas "encostado" observa e comanda os trabalhos. Padilha dá sua gargalhada. As saias das moças rodam num ritmo marcado pelos pés e pelas palmas." – Araruê Exu, araruê cavaleiros da encruzilhada..." gritam os Ogãs... e a madrugada raia, vermelha e límpida nos céus...

Os Naipes de Ouros e de Espadas

Vou em seguida a novo reduto de cartomancia, falar com outras experientes cartomantes, com suas Pombas-giras e Ciganas incorporadas.

As "Madames" usam saias rodadas, feitas de tecido com estampado grosseiro. Levam panos bordados nas costas, como se fossem xales. Usam muitas pulseiras e brilhantes colares de pedras falsas. As sandálias são de pano, adornadas com pedrinhas: lembram as gitanas de antigamente!

Sento-me a seu lado e elas me servem champanha e doces finos; esse tratamento é dado a todos os clientes. Peço que, apesar da hora avançada, expliquem como se pode conhecer o futuro pelas cartas, segundo seu método, que percebo ser diferente do que eu uso.

Eu vejo o destino pelo Tarô dos Ciganos. Aprendi com minha bisavó e pelos livros de Papus (grande autor de magia), que revelam também a origem de vários jogos, como os de damas, de xadrez e de dominó, todos, segundo as lendas, originários do Tarô dos andarilhos ciganos.

Mas Madame usa um baralho comum; bota as cartas em forma de Cruz ou de "Roda do Destino", e assim explica seu significado:

"– Os cetros do Tarô converteram-se hoje em paus; as copas, em corações; os sabres ciganos, em espadas e os pentáculos ou moedas, em ouros. Desapareceram as figuras simbólicas e os Quatro Cavaleiros do Apocalipse. Mas a raiz está realmente no tarô dos ciganos." Assim fala Madame Bombogira.

"– Conheço tudo sobre cartas e vou revelar para você", diz, com voz forçada e sotaque estrangeiro, uma das médiuns, incorporada com Madalena.

"– Jogo com 36 cartas. As mais importantes são os naipes de ouros e de espadas. O rei significa a pessoa que faz a consulta, quando é um homem. Se a consulente é mulher, o rei passa a significar seu marido. A proximidade desta carta representa o bom andamento do caso amoroso; seu afastamento, o mau andamento, o desamor.

A dama simboliza a mulher que faz a consulta; no caso de um homem (pois atualmente os homens vêm muito aqui) representa a amante, a esposa, o "caso"...

O valete é um parente próximo, filho ou amigo chegado. O dez são as companhias indesejáveis; o nove, amigos; o oito, legados ou demandas; o sete, felicidade e amor; o seis, problemas com dinheiro; o ás, a casa."

A RESOLUÇÃO DE UM CASO DE AMOR

Enquanto Madame fala comigo, uma mulher aparentando cerca de trinta anos aproxima-se e pede uma consulta; vem por um problema de amor.

Vejo como Madame Madalena bota as cartas; agora ela trabalha com o Baralho Lenormand, chamado de baralho cigano. Primeiro, as cartas são embaralhadas em silêncio e com concentração. Depois, Madame faz uma reza, em um dialeto cigano. A seguir, o baralho é partido em cinco montes, de modo que os quatro primeiros se compõem de oito cartas cada um e o último, de quatro cartas. O primeiro monte é aberto em uma linha horizontal, começando pela esquerda. O segundo, o terceiro e o quarto montes são abertos da mesma maneira, um embaixo do outro. As quatro cartas finais são postas embaixo das cartas centrais da linha inferior. O retângulo mágico foi feito! E as cartas começam a falar...

"– Há uma dama invejosa no seu caminho. Afaste-a usando defumador de alho. Há um valete lhe caluniando. Derrube-o com uma cruz de espada-de-Ogum. Há muito ciúme em você, pois ao seu lado está o nove. É preciso que fique mais calma, e vejo um sete, de sucesso, mas faça o seguinte: pegue duas rosas

		3 PRESENTE		
2 PASSADO		**1** CONSULENTE		**4** CAMINHO
		5 RESULTADO		

UMA JOGADA EM CRUZ

vermelhas e ponha na praia. Depois repita o nome da pessoa três vezes e terá essa criatura em suas mãos..." Assim fala Madame Madalena, com um ar convencido e engraçado. Agora vejo que Madame acende uma grande vela vermelha de cera e pergunto por quê: "– É para agradar a pomba-gira dela."

Como vêem, os caminhos se encontram... entre a torre, o raio, o valete e a dama, a crendice e a tradição de nossa gente renasce... Araruê cigana, Madalena araruê, Dona das cartas, Senhora do amor e do sexo.

CAPÍTULO 2
NOVAS ENERGIAS COM AS CARTAS DO TARO

"– A força das cartas do Tarô pode ajudá-lo a vencer até inimigos que muitas vezes moram dentro de você..." Assim me falou um velho gitano grego, em Atenas. Com ele aprendi que podemos modificar o que há de negativo na nossa maneira de ser com as cartas do Tarô.

"– O Tarô não é um baralho cigano, e nós, ciganos, nunca desenhamos nenhum Tarô. Nossos ancestrais o conheceram na Itália, pois acredito que ele seja de origem italiana." Assim fala o cigano, e concordo com ele. Muitas vezes fiz a análise dessas cartas e as comparei com desenhos medievais italianos do tempo em que Veneza era rica com o comércio que vinha do Oriente. Mas a lenda fala que o Tarô vem do Egito... Lenda é lenda; verdade histórica é outra coisa...

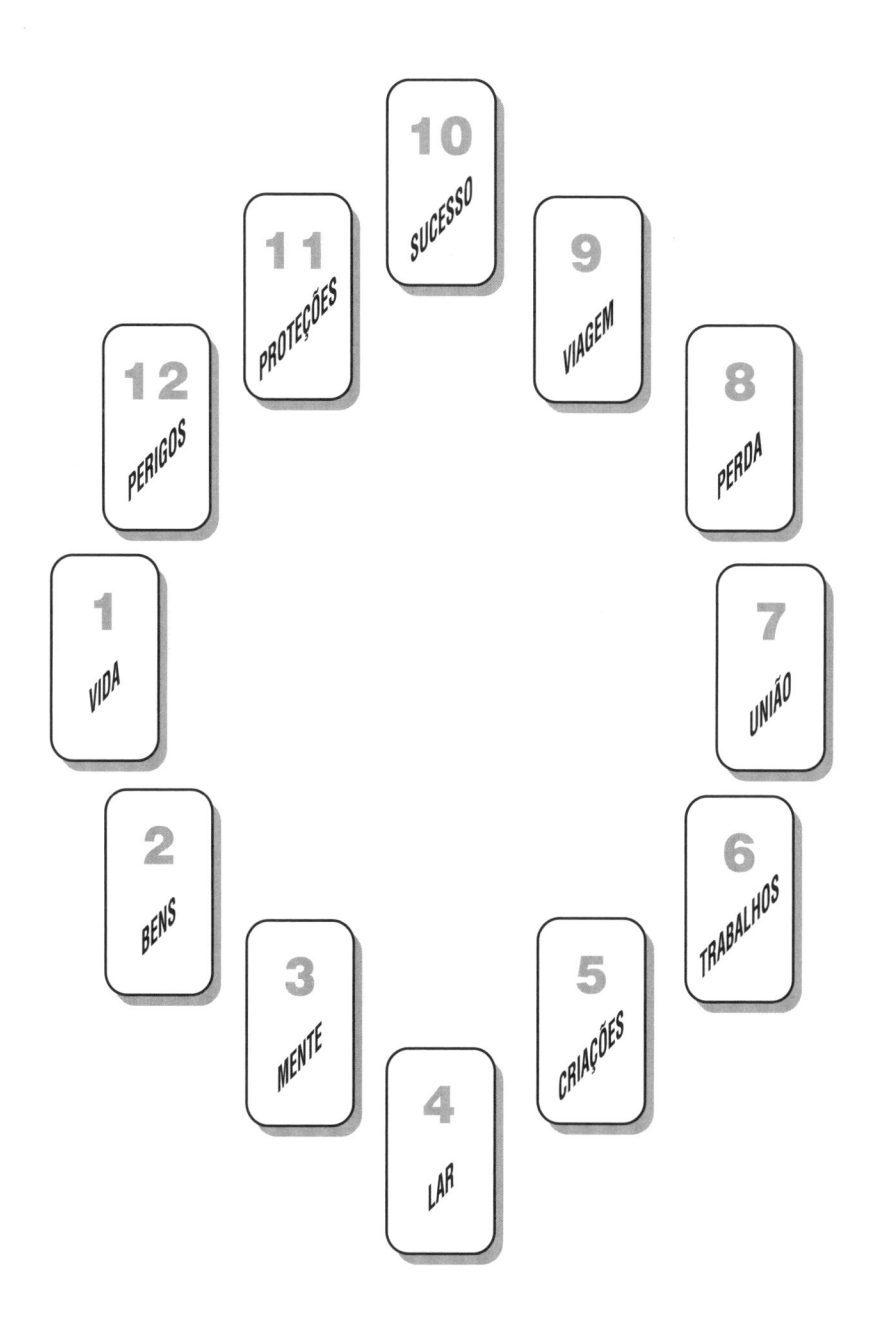

#	Card
1	VIDA
2	BENS
3	MENTE
4	LAR
5	CRIAÇÕES
6	TRABALHOS
7	UNIÃO
8	PERDA
9	VIAGEM
10	SUCESSO
11	PROTEÇÕES
12	PERIGOS

A RODA DO DESTINO

As Rezas dos 22 Arcanos Maiores

Se você estiver triste, pegue um baralho de Tarô, tire uma carta e medite. E faça a reza das cartas: recite a oração olhando para a carta que escolheu.

Carta 1 – O Mago:

O dom de criar vem de Deus, mas eu tenho em mim um pouco deste dom; por isso, com a ajuda do Mago, criarei um novo caminho para minha vida.

Carta 2 – A Papisa:

A minha voz interior é sábia, e serei atento a ela. Imaginarei coisas boas e elas acontecerão.

Carta 3 – A Imperatriz:

Eu crio minha vida na trama do encanto. Por isso a pessoa que eu amo virá me amar.

Carta 4 – O Imperador:

Deus abençoou o trabalho. E o trabalho de minhas mãos será abençoado.

Carta 5 – O Papa:

Com meus olhos da alma ouvirei a presença dos espíritos ciganos e andarei sempre para a frente.

Carta 6 – Os Enamorados:

Sei que posso ser amado, se aprender a dar muito amor.

Carta 7 – O Carro:

Sou sábio pois tenho a sabedoria de meu inconsciente.

Carta 8 – A Justiça:

Farei um altar em meu coração para a justiça, tratarei a todos com boas palavras e assim vencerei.

Carta 9 – O Eremita:

A solidão às vezes é melhor que a companhia de pessoas falsas.

Carta 10 – A Roda da Fortuna:

Sou senhor de meu destino e lutarei por mim.

Carta 11 – A Força:

Sou forte e nada me faltará.

Carta 12 – O Enforcado:

Não me sacrificarei por quem não merece.

Carta 13 – A Morte:

Estou pronto para me renovar. Começarei de novo quantas vezes for preciso.

Carta 14 – A Temperança:

Sou calmo, ninguém vai tirar a minha paz.

Carta 15 – O Diabo:

Assumo meu lado negativo e sei conviver com ele.

Carta 16 – A Torre:

Tenho a coragem de recomeçar, mesmo que seja muito difícil.

Carta 17 – A Estrela:

Tenho luz, sou feito de luz e vencerei com esta luz interna.

Carta 18-A Lua:

Todos os dias aprendo a amar. Estou em sintonia com o Cosmos.

Carta 19 - O Sol:

Sou filho da terra, da lua e das estrelas. Sou irmão do Sol, vencerei.

Carta 20 - O Juízo:

Estou em sintonia com a justiça do Cosmos. Sou feito de luz.

Carta 21-0 Mundo:

Meu mundo interior é perfeito e forte. Sairei vitorioso.

Carta 0 - O Bobo:

Rio dos que me querem maltratar. O riso será meu escudo e com ele chegarei à vitória.

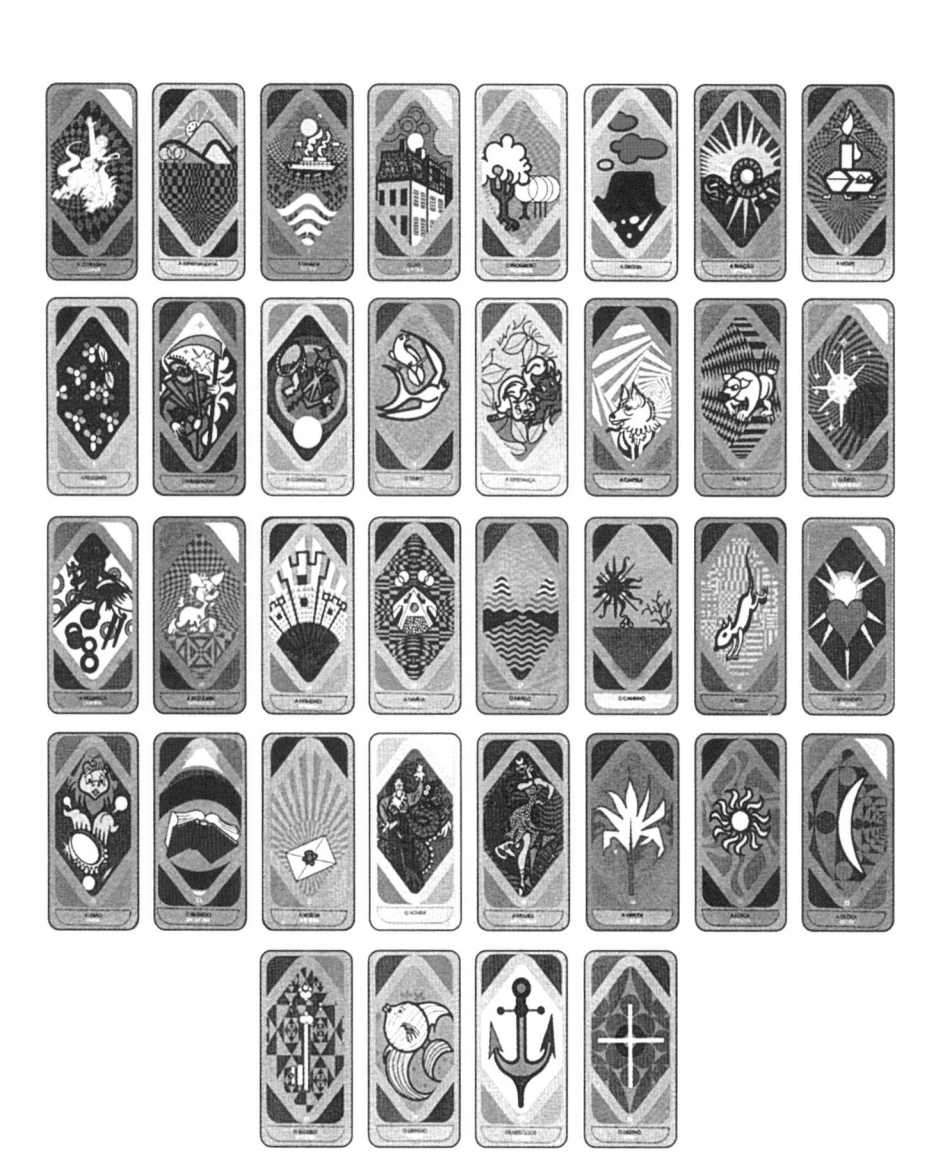

O BARALHO CIGANO

QUARTA PARTE

MAGIA DE AMOR

CAPITULO 1
O RITUAL DO AMOR CIGANO

Os filhos do vento, nômades viajantes das estradas do mundo, os que têm a marca da lua cheia e lêem a sorte nas cartas, eles, os ciganos, sabem valorizar o amor. Em tudo que fazem põem sentimento. Vivem pelo amor. Sentem em cada partícula de vida que o amor existe; em tudo, na terra, no ar, no som dos pandeiros e violinos, na chuva que recria as estradas, nos gemidos e ais das mulheres. Ao raiar do dia, o orvalho que cai das árvores acaricia a pele dos ciganos adormecidos. Mas antes, dentro da noite, arderam as fogueiras e luziram as moedas nos cordões, na festa do amor.

Gitanos de sangue quente, ardentes quais seus perfumes, são eles os donos do maior segredo de amarração. Se você está amando, sofrendo por traição ou abandono, aprenda comigo, agora, este belo método para trazer o amado de volta; pois o dia começa, e com ele chegam as revelações...

Certa noite, enquanto a misteriosa lua cheia bailava no céu, presenciei seus ritos secretos para o amor. Foi quando um jovem casal de ciganos se uniu, pelos laços vermelhos e azuis, pelas doze taças de cristal, na força do sangue e das rosas, no ritual de casamento que as tribos fazem há séculos. Nessa noite bebi com eles e presenciei a arriada com doze taças de cristal, cada uma contendo moedas e rosas vermelhas.

Imagine que esteve lá e bebeu comigo o doce vinho da alegria.

Quando uma cigana é pedida em casamento, o pai da moça pede um presente ao pretendente dela. É apenas um ato simbólico, lembrando que as tribos antigas compravam as suas mulheres. Hoje eles vendem as jovens em troca de um presente; mas não é propriamente uma venda, é apenas um simbolismo.

O pai da moça cujo casamento acompanhei pediu ao jovem e moreno noivo doze taças de cristal de Murano contendo, cada uma, moedas antigas de ouro. A moeda e o ouro são axés (forças) ciganos: elas atraem a fortuna. Trabalhadas, fazem com que a pessoa que as usa nunca fique sem dinheiro. Foi por isso que vi as taças no chão, junto da grande fogueira armada para a festa de casamento, com as moedas da fortuna e as rosas do amor.

Os Vasos da Harmonia

Nossa civilização muitas vezes destruiu a harmonia do amor entre os ciganos, que durante muito tempo era considerada sua força. O casamento era indissolúvel nas velhas carroças, desde o século XV até o século XIX. Hoje em dia, os grandes chefes de tribo assistem aos divórcios e desentendimentos, que antes não havia. Mas, para juntar os casais novamente, os atuais chefes, os kakus, feiticeiros, reúnem forças e preparam a "receita da paixão"; e o casal se reúne novamente em volta do fogo, bebendo vinhos ou sifrit, a beberagem que faz o amor crescer e o desejo aumentar. Este é um trabalho sério que faz o amor renascer, trazendo alegria e acabando com as brigas.

Para a magia amorosa são usados dois vasos de barro. Dentro deles são colocados todos os grãos que se comem: feijão branco, preto, manteiga; grão-de-bico, ervilha, lentilhas clara e escura; aloés, aveia, fava cigana, trigo e semente de anis. Isto é feito para que nunca falte alimento na família; é um mistério cigano, um feitiço.

O casal guarda consigo esses vasos de barro cheios com os grãos. Cada casa ou carroça gitana tem esses dois amuletos, para que sempre haja fartura.

E aqui está o grande segredo: nesses vasos são colocados os nomes dos amantes, para que se unam para sempre; em seguida, faz-se uma oração pedindo a harmonia para esse lar.

Velas, Moedas e Cartas para o Casamento Amarrado Sair Rapidamente

Para os ciganos, o casamento sem filhos é uma maldição. Nenhuma mulher das tribos toma remédios para deixar de ser mãe: isso seria um sacrilégio contra a natureza. Os gitanos, quando juram sagradamente, falam sempre: "Juro pelo ventre de minha mulher." Ou ainda: "Dou minha palavra, juro pelo ventre de minha mãe." Para eles, a terra é o ventre que faz nascer tudo. Assim, os homens respeitam nas mulheres a capacidade de gerar, de trazer ao mundo uma nova vida.

Os ciganos respeitam também o casamento; não aceitam noivados longos e, quando um cigano demora a se casar, a moça faz um pequeno feitiço.

Acendem-se três velas: uma vermelha, que representa a força; uma azul, que simboliza a harmonia; e uma verde, que traz a felicidade. Colocam-se junto delas três moedas e, a seguir, botam-se as cartas para saber em quanto tempo será realizada a união.

É rápido o casamento, segundo me conta a cigana. Meus irmãos gitanos conhecem mistérios, e eu também...

Quando o casamento está para ser realizado, botam-se as cartas novamente, para ver como será o destino do casal. Algumas vezes jogam com as alianças, para saber se o casal vai-se amar sempre tão intensamente como na primeira noite.

CAPÍTULO 2
SANTAS PROTETORAS DO AMOR

Santa Sara Resolve Casos Difíceis de Desunião

Diz a lenda que, depois da morte de Cristo, as três Marias: Maria Madalena, Maria Jacobé (mãe de Tiago Menor) e Maria Salomé (irmã de São João), foram atiradas ao mar em uma barca sem remos e sem comida. Estavam acompanhadas por Sara, a criada de José de Arimatéia, por Lázaro e por Timóteo. A barca aportou, por milagre, em uma praia arenosa junto à foz do Reno

OS VASOS DA HARMONIA

(no sul da França). Hoje, nesse lugar, existe uma igreja que é local de peregrinação para todas as tribos ciganas do mundo. É um ponto de encontro dos ciganos.

Santa Sara Kali é uma das protetoras das tribos; para ela é realizada a Festa da Luz, nos dias 24 e 25 de maio. É uma festa das águas, semelhante à de Iemanjá, no Rio de Janeiro ou à de São Pedro, na Europa: o mar misterioso sempre atraiu o homem como um segredo. Assim, o culto de Santa Sara é ligado ao mar.

Nessa grande festa, nômades e gadjés (não-ciganos) assistem nas praias à bênção do mar, feita por um padre em sua barca; depois os ciganos jogam flores e perfumes nas águas. Na manhã desse dia, quente e limpo, e com um cheiro de chá no ar que inspira calma, os ciganos jogam as cartas. É bom estar nesse lugar, em meio a amigos, vendo as saias rodadas e os tamborins enfeitados dos ciganos. Sara Kali por certo sorri nesse dia.

É em nome de Santa Sara que ensino uma obrigação para unir os casais, namorados ou amantes que estejam brigados. Essa obrigação, entregue no mar, leva fitas coloridas, um talismã de estrela e uma fita de Santa Sara.

Resolve qualquer problema. É só querer...

Oração das Treze Varas do Amor

Quando estive na Espanha, aprendi, com um cigano de Toledo, uma reza forte de amarração. Esta oração faz parte das devoções à Virgem de Macarena.

MAGIA DAS VELAS E MOEDAS

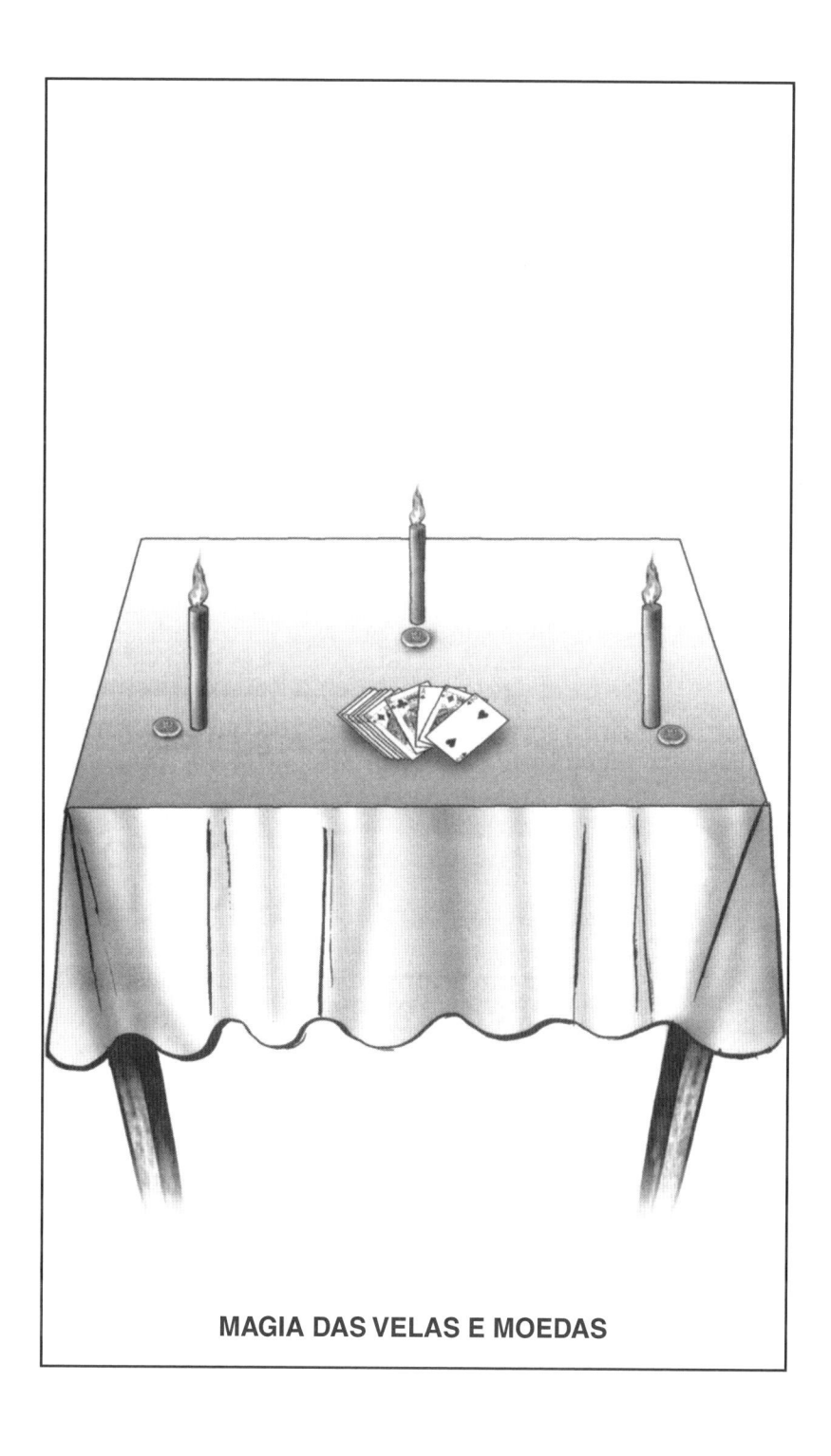

Nela é usado o termo "Del", que significa Deus, na língua cigana.

Em louvor das três chagas da Virgem de Macarena, eu quero ser amado (a). Quero sim, e serei.

Das treze varas que serviram para fazer uma tenda para a Virgem de Macarena eu tiro uma que é a que cobria o filho Del.

Em louvor à Macarena eu tiro duas varas, que serviram de remo para a barca que trouxe os gitanos para a Espanha. E eu afasto meus rivais.

E das treze varas eu tiro três, que protegem os calons na sua caminhada, uma da Virgem de Macarena, outra da Virgem de las Angústias, outra de Santa Madalena.

Das treze agora eu tiro dez, a Roda da Fortuna, que me abrirá a sorte para os amores, e a quem eu amar serei fiel. Na terra e nos céus.

CAPÍTULO 3
MAGIA DA LUA

Ao visitar um acampamento cigano, descobri como os gitanos, na força da lua crescente, atraem o amor. No acampamento tudo está cheio de poder. A lua cheia e redonda brilha no céu. Um pêndulo mágico cigano (que serve para atrair o dinheiro e o amor) gira na mão de um gitano sentado ao pé da fogueira. Outro lê a sorte com as cartas e os dados. Falam com fibra, têm personalidade, sua voz canta; seu chá espalha aroma de rosas.

O Pêndulo do Amor

A velha cigana revela seus segredos:

"– A lua é a grande sacerdotisa dos céus. Ela ajuda em tudo. Moça que quer casar deve usar a força da lua, fazendo esta magia:

Providencie um pequeno pingente de metal dourado em forma de coração, folhas de malva, papel virgem e um pêndulo de radiestesia. Escreva no papel seu nome e o do moço que tem em mente. Coloque o papel sobre uma mesa ou no lugar em que trabalha e ponha por cima o coração e uma folha de malva. Segure o pêndulo por cima do papel e deixe-o rodar por algum tempo, com a força do seu pensamento; o papel, o coração e a malva ficarão impregnados com essa força. Guarde o papel, com o coração e a folha, em um lugar reservado, mas que fique sempre perto de você.

Já fiz uma vez e deu certo..."

Ervas e Pedras da Lua

Foi com uma velha cigana que aprendi sobre a magia lunar, um dos maiores mistérios gitanos.

"– A lua rege várias flores e ervas, como papoula, nenúfar, malva, rainha-da-noite, tabaco e chá", conta-me a cigana. Seu metal é a prata; suas pedras são a opala e a pedra rolada. Estas pedras são talismãs poderosíssimos", confessa. "– Servem como remédios. Para frigidez sexual, pode-se usar uma dessas pedras e comer aipo na lua cheia. É tiro e queda." E ri, sarcástica...

Bem, se todos os ciganos são ardentes como esta, o negócio funciona.

MAGIA DO PÊNDULO

QUINTA PARTE

O DOM DA VIDÊNCIA

CAPÍTULO 1
NO TEMPLO DE
MAGIA CIGANA

A sala permanece imersa em penumbra. No centro da mesa, brilha a bola de cristal. Sete espelhos consagrados reluzem em volta. A bacia cheia de água serenada (posta a dormir no sereno) tem no fundo uma moeda de ouro antiga.

Um gato preto ronrona sobre o tapete persa.

É a hora grande, a hora dos bruxos e dos seres macabros.

Lá no alto, desenhado no teto, está Buda, o iluminado. Mestres e médiuns trabalham nesta sala, que lembra um antro fantástico de filme ou de magia do oriente. Mas, para que serve esse aparato? Será verdade que através da brilhante lua cheia, da bola de vidro, das ondas e cascatas, os chamados videntes sabem prever o futuro? Ou tudo não passa de ilusão, de sonho, desejo eterno do homem de conhecer o amanhã?

Videntes sempre existiram. Eles se espalham pela história desde tempos imemoriais. Hoje, neste período de experimentação e de medo enraizado nas gentes, o hábito de tentar prever o futuro é intenso. Madame Lenormand, famosa vidente de Paris, não é mais bela em seu mundo de fantasias do que as cariocas vestidas de ciganas, que se encontram em qualquer terreiro. Nostradamus, com suas retortas e seus bicos de fogo, seria derrubado por qualquer pai-de-santo dos subúrbios, de branca túnica e véus espalhados pelo corpo. O mundo dos espíritos, dos deuses e dos homens se funde nos terreiros, nas reuniões de crentes, nas sociedades secretas de mantos verdes, amarelos, vermelhos, que brotam por toda a cidade. Ao lado do progresso, dos viadutos rasgando a cidade, brinca também o irreal, pelas encostas dos morros, nos salões elegantes, nas praias, nos templos de magia cigana.

BOLA DE CRISTAL: UM SEGREDO FÁCIL DE USAR

Qualquer pessoa pode usar a bola de cristal, desde que tenha o dom da vidência ou de sonhos. Para utilizar-se de sua magia, deve-se pegá-la e passá-la em água de sereno ou em água de cachoeira – que são as mais puras que existem. Depois, quando a bola não estiver sendo usada, deve ser deixada sempre em um local isolado, oculta, pois ela capta vibrações, como as guias (colares) usadas pelos médiuns, também feitas em cristal.

Uma bola de vidro branca, sem marcas, com um pequeno pé de madeira, é a chamada bola de cristal. Conhecida também como espelho hindu, ela é a arma mais antiga para prever o destino, dizem os entendidos. Não concordo com o uso do vidro pois na Pré-história já se sabia que, em magia, devem-se usar os materiais mais puros, como a pedra,

A BOLA DE CRISTAL

o metal e tudo da natureza. Assim, quando leio a sorte pela bola de cristal, uso uma de puro cristal de rocha.

Para saber como se faz esse trabalho, podemos ver como é uma consulta no Templo, que repete sempre a mesma rotina.

Uma cliente entra, senta-se na cadeira dourada reservada aos que desejam conhecer o amanhã. O mestre vai falando com voz rouquenha, o que lhe reservam seus caminhos. A cliente sorri e depois indaga o que deseja saber. São sempre as mesmas interpretações: felicidades, casamento sólido ou sofrido, dinheiro e amores secretos. E a essência da natureza humana... esta ninguém diz, nem a bola de vidro, nem o cheiro de incenso indiano, que agora se espalha pela sala.

UMA BACIA COM ÁGUA DIZ SEU PASSADO, PRESENTE E FUTURO

Certa vez, indaguei à cigana como uma pessoa qualquer poderia ver o futuro pela água. A médium explicou-me o método.

"– À noite, escreve-se num papel branco o nome da pessoa de quem se deseja adivinhar o destino, e coloca-se embaixo de um copo com água. Pela manhã, após rezar o pai-nosso, olha-se dentro do copo com água, pensando na pessoa em questão. Muitas vezes, vê-se a pessoa dentro do copo, de cabeça para baixo. Outras, ela está de pé. Depende do grau de vidência."

No Templo, a médium usa uma bacia com água para a vidência. A bacia de "louça azul contém uma moeda de ouro. A água limpa parece morada de fantasmas. A médium interpreta os desígnios da sorte pela água. Seus olhos rasgados e meigos falam ao olhar para o fundo da bacia. A sala está cheia de incenso. Mãos dadas, os membros do coral cantam. Falam de Buda, de Marcos, o gladiador, de Santo Issa. E vejo a vontade de agradar nos olhos da médium, ao falar sobre seu dom de vidência: "– Vi muitas coisas, principalmente sobre o fim dos tempos. Em breve vai haver uma modificação na face da Terra. Os tempos são chegados. Mas a paz virá, depois de tanta guerra."

CAPITULO 2
ESPELHOS MÁGICOS
CIGANOS

Espelhos Poderosos Dizem sua Sorte

Sete espelhos de cristal pequenos, trabalhados com arruda, guiné, aipo, maçã de cipreste, raiz de mandrágora e aroeira, servem para ver tudo, passado, presente, futuro, dinheiro e amores. Cada espelho corresponde a um chacra que o ser humano tem.

Cada espelho é forrado, pelo avesso, com uma das sete cores do arco-íris. No espelho forrado de azul, o mago vê as questões sobre o amor. No forrado de vermelho, vê o dinheiro. No verde, vê a vida espiritual. O anil, que é calmante, é usado para que sejam vistos assuntos familiares. O laranja, para que sejam vistas questões relacionadas à saúde. O violeta é usado somente para assuntos de alta magia e de grande espiritualidade como, por exemplo, identificar o guia que acompanha a pessoa. Só nos casos muito importantes usa-se o amarelo.

Essas explicações vêm da voz alegre e do sorriso dos médiuns que os usam: "– Trabalhamos na Umbanda durante muitos anos. Depois fomos alunos dos "Mantos Amarelos" e depois, como tínhamos o dom de ver o destino, fundamos junto com nossos irmãos em Buda (irmãos de seita) este templo. Temos também o dom da profecia. E sabemos coisas que não podemos divulgar, como o dia certo em que vai estourar uma guerra no oriente, vinda da Palestina; e sabemos tudo que vai ocorrer. Será um tempo difícil para os homens mas, depois, uma nova vida surgirá."

Fraude? Ou como novos profetas, Amós e Jeremias destes tempos, eles vêem com olhos da alma? Qual Daniel, eles cantam e passeiam pelas regiões onde dançam esperanças e guerras no céu... Qual José, interpretam sonhos e dizem:

"– Após os tempos de vacas magras, de pragas e dor, escorrerá leite e mel na Terra, limpa pelo sangue do Cordeiro..."

ESPELHO MÁGICO CIGANO

Com uma velha cigana espanhola aprendi a fazer um espelho mágico.

OS SETE ESPELHOS

"Lave um espelho em água de chuva. Depois, em volta do espelho acenda sete círios coloridos e espalhe pó azul da índia (se não encontrar, misture pó de pemba azul com fava cigana ralada). Depois de as velas queimarem, enrole o espelho em seda vermelha. Guarde até a lua cheia. Está pronto: serve para ver o amado, coisas ocultas, segredos da magia, bruxarias e fantasmas..."

Se tem medo, não tente...

São crenças das calins, das mouriscas, que dançam e batem palma, que bebem vinho e em cujos olhos muitas vezes vi a tristeza que se oculta lá no fundo, naqueles seus olhos castanho-escuros que só têm os ciganos de Espanha...

CAPÍTULO 3
DESVENDE O FUTURO
COM TRÊS DADOS

Certa vez, visitei um grupo de ciganos no interior do Estado do Rio de Janeiro. Durante todo um dia escuro, sombrio e silencioso, com nuvens baixas e ameaçadoras no céu, procurei o acampamento. Somente quando as sombras da noite já se estendiam foi que, finalmente, encontrei-me diante das carroças da tribo. Não sei o que houve, mas de repente pareceu-me que toda a noite se acendeu. As fogueiras ao longe brilhavam. Os sons dos pandeiros, violinos e castanholas davam-me uma sensação de alegria interior, que não se pode comparar a nenhuma outra terrena,

O ESPELHO MÁGICO CIGANO

exceto à que se sente no amor. Com seus longos cabelos esvoaçantes, a mãe da tribo me recebeu.

A cigana tinha tez morena e olhos grandes, luminosos e transparentes. Seus lábios eram finos e vermelhos. Essa cigana, velha mas ardente e bela, trazia no pescoço o escaravelho dourado e a figa da glória, amuletos secretos dos feiticeiros ciganos. Com ela aprendi um dos mais belos e antigos métodos para prever o destino, que é a sorte por meio de dados.

"– O jogo de dados é velho como o mundo. Na Idade Média, os ciganos sabiam jogá-los bem. Agora poucos sabem", fala a cigana.

Não jogue com dados sem ter primeiro feito sua firmeza, e sem crer neles. Se não, nada adianta.

Sacuda bem três dados em um copo de couro, com a mão esquerda, e jogue-os sobre uma mesa, dentro de um círculo previamente traçado com giz branco. Conte quantos pontos foram alcançados e verifique sua significação de acordo com a relação da magia, que apresento agora tal como me falou a cigana.

"Se a soma das caídas for três, significa que a pessoa se casará e terá muitos filhos. Se for casada, indica paz no lar.

Quatro indica frivolidades, traições no amor e perda de dinheiro.

Cinco indica sorte em compra de terrenos, ou mudança de emprego.

A VIDÊNCIA COM DADOS

Seis, para mulher, indica que tem muitos apaixonados.

Sete, para homem, serve como aviso de sucesso profissional.

Oito indica avareza.

Nove indica felicidade matrimonial e muita espiritualidade.

Dez indica traições e discussões.

Onze indica extravagância e dissipação. Cuidado com gastos excessivos.

Doze é sinal de que um acontecimento importante vai mudar sua vida.

Treze serve como sinal de leviandade.

Quatorze indica sorte no jogo, nas corridas e nas apostas.

Quinze anuncia sucesso na política.

Dezesseis fala de caiporismo na loteria; é mau sinal.

Dezessete é desfavorável para banqueiros, jogadores e médicos.

Dezoito indica riquezas, honrarias e felicidade. Prediz também prosperidade em todas as espécies de negócios de amor.

Agora levante os dados e jogue-os no círculo de giz. E, se alguma dúvida surgir, pode vir procurar-me, irmão, que é bela a magia cigana, cheia de cheiros gostosos e de muito poder.

CAPÍTULO 4
CIGANAS MOSTRAM
O MISTÉRIO DOS SONHOS

Através dos sonhos, você descobre seus desejos, seu futuro e o que lhe reservam os espíritos.

O sonho sempre mexeu com a imaginação do homem. O sonho – seja belo ou dramático – sempre despertou curiosidade. Desde os tempos antigos, quando o homem dormia no chão das cavernas, até hoje, quando dormimos em modernos colchões anatômicos, os sonhos são objetos de pesquisas.

Entre os primitivos, esperava-se o Grande Sonho: era o sonho que avisava de todos os perigos pelos quais a tribo tinha de passar. Então, reuniam-se todos e, ao pé de uma fogueira, este sonho era contado ao "Círculo dos Antigos"; eram os velhos que interpretavam os sonhos.

Um dos maiores interpretadores de sonhos foi Davi, como nos conta a Bíblia. Heródoto, o pai da História, conta que Xerxes ganhou uma guerra contra os gregos apenas pensando no que lhe avisavam seus sonhos. São Francisco de Assis lia os sonhos de seus amigos e via neles a voz dos santos. Santo Hugo só fazia o que seus sonhos lhe mandavam e São Macário de Ceta foi um dos maiores pesquisadores dos pesadelos: via neles a interferência dos demônios... Na Roma antiga, os senadores votavam de acordo com o que tivessem sonhado à noite. Num sonho, Bismark viu que a Alemanha podia ganhar a guerra contra a

Rússia. Os árabes seguidores de Maomé conhecem um ritual para provocar o sonho profético.

Hoje as coisas se passam de modo diferente. Os grandes homens não comunicam seus sonhos, pois, se assim procedessem, o que faria com isso a imprensa? Mas, nisto tudo, o mais importante é que a psicologia veio dar a mão à velha e desprezada magia, dizendo: sonho é algo que realmente nos revela coisas sobre o que existe além de nós mesmos... é, a magia realmente tem mironga...

Toda a humanidade sonha, desde que o homem passou da idade de bicho para a fase de ser racional. Qual é, porém, a verdadeira significação dos sonhos e pesadelos? No Egito, os sacerdotes de Amon analisavam muito os sonhos e as divagações. Acreditavam que ali estava o destino da nação. José, o hebreu privilegiado por sua capacidade de adivinhar o significado oculto dos sonhos, tornou-se protegido do faraó e um dos mais famosos personagens da Bíblia. Suas interpretações corretas salvaram o Egito.

Um grande sacerdote de Tebas foi quem começou a pesquisa religiosa nos sonhos. Aquemat ("filho de Set"), um sacerdote-escriba que viveu no templo de Tebas dedicado a Set, passou toda a sua existência envolvido com papiros e descrições de pesadelos e belas visões. Deixou o livro dos sonhos profundos, que foi encontrado juntamente com sua múmia, perfeitamente conservado. Esse livro, escrito dois mil anos antes de Cristo, é impressionante. Observa os mesmos valores dos cientistas modernos.

Que o sonho sempre fascinou o homem é uma verdade; mas os estudos científicos sobre o sonho são relativamente recentes. Foi somente na década de 50 do século XX que a ciência enveredou objetivamente pela análise do sonho. Até então, nunca havia sido realizado um estudo científico sobre o assunto. Os cientistas viam os sonhos como qualquer coisa de irreal, ou como uma viagem mental a estranhos lugares.

Numa concepção mais avançada, o Dr. E. Hartman (de Boston) analisou, à luz de estudos modernos, o mecanismo, a natureza e a função biológica dos sonhos. Para o Dr. Hartman, há relações entre a biologia do sonho e o próprio sonho, que é uma verdade abstrata. Mas admitiu que, sem a ajuda do Ocultismo, a ciência não revelará totalmente os mistérios que nos cercam. Por mais estranho que pareça, esse estudo veio apoiar algo que a magia diz há séculos: os sonhos muitas vezes são previsões do futuro. Muito podemos desvendar sobre nosso destino, através de um sonho bem analisado.

Sem Sonhar, Nós Ficaríamos Doentes

O sonho é uma válvula de escape ao nosso dia-a-dia. O mecanismo dos sonhos está associado ao que a ciência chama "estado R", que é um terceiro estágio da atividade mental, ao lado do despertar e do sono. Este terceiro estágio foi analisado também por Cagliostro em sua obra *O Livro dos Sonhos de Cagliostro*.

Os animais também sonham; e se fossem acordados toda vez que começam a sonhar, ficariam loucos como nós. Só os répteis não sonham. O gato, animal dos bruxos, sonha exatamente como nós. Os pássaros e os macacos, quase da mesma maneira. No homem e na mulher, o tempo de duração do sonho está relacionado com a idade. Um jovem passa mais tempo no estado R que um adulto. Assim, parece certo que "os jovens vivem sonhando". As mulheres também passam mais tempo no estado R. Talvez tenham razão os homens em dizer que "as mulheres vivem num mundo diferente".

Resta uma pergunta: – Como Aquemat descobriu tudo isso, séculos antes do cientista? Seu livro mostra desenhos de todos os animais sonhando, menos os répteis. Como o sacerdote poderia, tantos séculos antes, ter chegado às mesmas conclusões do cientista?

Vamos, portanto, aliar a ciência ao segredo milenar guardado pelos iniciados. Agora você aprenderá o que é o sonho, como provocá-lo por atividades mágicas e como interpretar as suas visões noturnas, para viver melhor.

SONHO: UM DESEJO INCONSCIENTE?

O significado de um sonho é a realização de um desejo inconsciente, afirmou Freud. Assim, uma mulher insatisfeita, cheia de problemas, entra mais facilmente no estado R, que uma mulher plenamente satisfeita. Esta afirmação é do Dr. Campbell Arlen, sexólogo de Boston. Também dizia Cagliostro que os sonhos das virgens são sempre coloridos e difíceis de interpretar. Elas estão como a deusa Ísis no barco de Osíris, sempre sonhadoras.

Freud via sempre nos sonhos o lado sexual explodindo, gritando, e na maioria das interpretações que fez viu sexo por todos os lados. Vejamos essas interpretações.

Quando se imagina e se pratica sexo, um elemento é indispensável: a fantasia. É ela que encaminha o transporte amoroso, fazendo com que o real passe para o sonho desligando seus participantes de todo o contato com o mundo cá de fora.

A fantasia é importante para a nossa saúde orgânica e psíquica. E, quando se trata de sexo, a fantasia é realmente importante.

Nossos ancestrais usavam um método para provocar um sonho erótico: rituais com perfumes feitos de ervas próprias, como a artemísia (que é um afrodisíaco), e invocação de deusas eróticas, que possuíam as mulheres.

Essas deusas são iguais às nossas farristas Pombas-giras. Assim, o sonho erótico, além de ser importante para a nossa saúde mental (como diz a ciência), muitas vezes tem um envolvimento com essas entidades da magia, as senhoras de Lúcifer e de Tranca-Ruas. É preciso acabar com a crendice de que um sonho erótico faz mal, diz a ciência; e acabar com a tolice de que o ritual de Exu e de suas mulheres é só para o mal, diz a magia; pois ambos libertam a mente humana dos condicionamentos do dia-a-dia. Os sonhos eróticos revelam nossas vontades mais secretas, que, quando acordados, bloqueamos... Pela voz de Pomba-gira Rainha, vamos ver a interpretação dos sonhos mais comuns neste setor.

Os sonhos Proibidos e Reveladores

Sonhar que estamos nus, um sonho comum demais, significa, segundo Freud, que estamos tentando nos livrar de problemas que nos atormentam, relativos ao amor. Para Pomba-gira, este sonho revela que estamos desejando ardentemente um amor e, se este sonho se repetir, a Dona da Rua revela que em breve acharemos o que estamos querendo em matéria de amor, ou seja, um companheiro amável.

Se sonhamos com o diabo, também sonho comum, a verdade é que estamos passando por um sofrimento ou um sentimento de culpabilidade ou maldição. A interpretação de Pomba-gira é igual à de Freud... incrível, não?

Sonhar com a nossa casa significa que estamos presos às nossas raízes, à nossa família, e queremos ardentemente cortar as amarras mas não estamos conseguindo; logo, sentimos um grande anseio por liberdade.

Quando sonhamos com jardins, geralmente estamos tendo um sonho erótico, pois os jardins representam o nosso corpo. No caso de uma mulher, sonhar com um belo jardim significa que esta é a sua visão de mundo: paz, ordem, beleza, sua sensibilidade de mulher, seu corpo em relação ao mundo.

INTERPRETAÇÃO DOS SONHOS PELA MAGIA VERMELHA

Todo sonho é uma realidade, e quem não sonha, ou o povo que não tem mais sonho, já está morto. Os orientais têm afirmado que despertamos de um sonho no interior de outro sonho; assim, a própria vida poderia ser um sonho, do qual acordaríamos um dia.

A magia vermelha, que nasceu com os astecas e maias e que dizem ter origem mais remota na lendária Atlântida, fala que todo sonho é uma vida. Os Magos Vermelhos dizem ainda que, sem sonhar, morremos. A ciência afirma também: sem sonhar ficaríamos loucos, totalmente loucos.

A magia vermelha tem um ritual para provocar sonhos proféticos. É o seguinte:

Numa sexta-feira, devemos nos deitar antes das 10 horas da noite. Colocamos ao nosso lado um bastão de incenso puro, aceso. Devemos estar com roupa branca, limpa, tendo antes tomado um banho com a seguinte mistura: alfazema, arruda e um pouco de sal grosso (para limpar nosso astral). Ao deitarmos, devemos relaxar nossos músculos e pensar somente em um grande globo azul. Vamos adormecer lentamente e começaremos imediatamente a sonhar. Este sonho será daqueles que revelam o futuro.

Não é apenas a sonhar que ensina a magia vermelha; dela nos vêm ainda as mais certeiras interpretações de sonhos, registradas nos antigos pergaminhos dos magos vermelhos. Vejamos o que nos ensinam esses magos, com suas túnicas rubras, seus anéis de ouro e prata, perdidos num passado tão belo, qual num sonho grandioso...

Sonhar com frutas revela amores, esperanças de realização amorosa.

Sonhar com carícias significa boa sorte, bem-aventurança para a pessoa amada.

Ver velas em sonhos indica desgostos.

Acender uma lâmpada, em sonho, indica amor venturoso.

Ver objeto de corte, como facas e espadas, em sonho, revela traições, rixas, melancolias.

Ser afogado em sonho anuncia triunfo certo.

Sonhar com ervas é sinal de prosperidade.

Sonhar com água indica contrariedade e ligação com o povo do mar (ondinas, nereidas ou iaras).

Sonhar com sofrimentos e agonias anuncia longevidade.

Sonhar com almoços em sua própria casa indica viuvez.

Sonhar com o aluguel anuncia lucros.

Sonhar que estamos pagando a alguém é sinal de roubos e traições.

Sonhar com roupas em andrajos indica pobreza às suas portas.

Sonhar com anéis indica casamento ou amores tempestuosos.

Sonhar com anjos anuncia notícias agradáveis.

Sonhar com bebidas avisa de debilidade nervosa.

Sonhar com o arco-íris é sinal de ruína.

Sonhar com aranhas e outros bichos peçonhentos, indica amigos traidores e invejosos.

Sonhar com árvores é sinal de ardência de amores.

Sonhar com bandeiras é aviso de brigas.

Sonhar que vê banhos indica espiritualidade à vista.

Sonhar com baús e caixas é sinal de tumulto e balbúrdia.

Sonhar com jogos indica sorte no jogo.

Sonhar com dançarinas é sinal de que devemos ter cuidado para não fechar maus negócios.

Sonhar com monstros indica inimigos ocultos.

Sonhar com a morte é sinal de boa saúde.

Sonhar com doces é aviso de viagens próximas.

Sonhar com sapatos indica morte.

Sonhar com animais indica rompimento de amizade.

Sonhar com perda de emprego indica sensível melhora na vida afetiva.

Sonhar com enxoval é anúncio de casamento. Sonhar com fantasmas indica notícias ruins.

OUTRAS INTERPRETAÇÕES PARA OS SONHOS

No *Livro Sagrado dos Pressentimentos*, obra egípcia anônima de vinte e dois séculos atrás, encontramos: "Seus sonhos revelam tudo sobre a vida e a sorte, mas é preciso saber interpretá-los."

Um livro de Xenofonte também contém algumas interpretações de sonhos, conhecidas na Grécia antiga.

Cagliostro, o fundador do Rito Maçônico Egípcio, onde eram aceitas mulheres, desde cedo foi adorado e odiado por seus contemporâneos. Dizem uns que foi um trapaceiro, outros que foi o maior mago de sua era. Ele deixou uma obra em que tratava dos sonhos em seus significados mais acertados. A essa obra vamos recorrer para interpretar as visões mais comuns.

"Todas as manhãs, ao acordar, anote o seu sonho. Após uma análise, compreenderá o que os espíritos lhe falaram em sonho. Alguns sonhos também são associados a números de sorte; esses números tanto podem ser usados para arriscar a sorte na Loteria como para fazer qualquer coisa que exija números naquele dia, seguindo as normas da Numerologia."

Se você sonhou com cidades belas, isto é sinal de riqueza.

Se viu a cidade ser incendiada, terá um grande desgosto.

Se viu diamantes em seu sonho, tenha certeza de que há rivais em seu amor, e também traição.

Quem sonha que está vendendo jóias terá opulência.

Quem sonha com garrafas terá bem-estar; mas se elas estiverem quebradas, tenha calma, pois há más notícias a caminho.

Se sonhou com árvores, ocorrerá um acontecimento desagradável; mas este sonho está relacionado a números de sorte, como 2,5, 8,13,20.

Sonhar com cama indica doenças; o número relacionado com este sonho é 6101.

Sonhar com incêndio indica mudanças; os números de sorte são 7, 10,14,202 e 1750.

Sonhar com frutas indica felicidade no jogo; terá sorte por três dias, principalmente com os números 5, 16, 18 e 899.

Ao sonhar com legumes, os anjos indicam que você vai melhorar de vida ou que, se em sua casa houver alguém doente, ficará curado rapidamente; os números de sorte são 792, 80, 45 e 1893.

Sonhar com abrigos lhe trará um bom noivo.

Sonhar com anéis indica que seu casamento ou sua união será feliz.

Se aparecerem bolas em seu sonho, isto é sinal de lucro certo.

Sonho com chapéu é aviso de cuidado: estão tentando roubá-lo.

Sonhar com salada de pepinos é aviso de que vai aparecer um noivo.

Sonhar com inimigos é sinal de reconciliação; este sonho corresponde ao número 2689.

Sonhar com injustiças significa que seus desejos serão realizados; os números são 1234, 790 e 12.

Sonhar com ídolos e imagens significa contrariedades.

Sohar com hotéis indica restabelecimento de pessoas doentes da família; os números são 8, 67 e 3.

Sonhar com igrejas indica perigos iminentes; os números são 361 e 754.

Sonhar com heranças indica perda de emprego, injustiças e traição.

Sonhar com grinaldas é aviso de rompimento de ligações amorosas.

Sonhar com sapatos é aviso de morte de pessoa conhecida.

Sonhar com dentes também indica morte de pessoa próxima.

Sonhar com flores é anúncio de pequenos lucros; os números de sorte são 24, 66, 319.

Sonho com festa indica perigos e lágrimas.

Sonhar com freiras indica aborrecimentos em relação a dinheiro; os números são 54 e 408.

Sonhar com casamento é sinal de desgostos na vida amorosa; o número de sorte é 168.

Se em seu sonho vir castelos, é bom agouro; mas se o castelo estiver em ruínas, indica atraso de pagamentos. Os números de sorte são 6815 e 899.

Sonhar com anjos é felicidade; os números são 1, 4, 6 e 8.

Sonhar que se está fazendo aniversário indica vida longa; os números de sorte são 5312, 3, 7 e 17.

Sonhar com lagos é sinônimo de boa fortuna; os números de sorte são 13, 17 e 5364.

Sonhar com lápis indica que teremos de assinar documentos importantes; os números de sorte são 25, 75 e 419.

Sonhar com leão é mau; revela perda de dinheiro e de fama.

Sonhar com loteria é aviso de prejuízo e desonra.

Sonhar com maçãs indica que estará em breve rico e bem acompanhado; o número de sorte é 5005.

Sonhar com bezerros indica abundância e prosperidade.

Sonhar com carne sangrenta indica perigo de morte.

Cemitério visto de longe nos sonhos indica cura de doença; o número de sorte é 3859.

Sonhar com caveiras é aviso de perda de fortuna; o número perigoso é 13.

Sonhar com cartas indica desonra.

Sonhar com chinelos é indício de viagem.

Sonhar com cinto é aviso da ocorrência de pequenos aborrecimentos.

Sonhar com cobras indica perigo.

Sonhar com chifres é aviso de calúnia.

Sonhar com coroa indica amizade e amor de uma mulher.

Sonhar com elefante indica sorte no jogo; os números são 8 e 8648.

Se você vir santos em seus sonhos, a prosperidade vai bater à sua porta...

Assim diz a voz do silêncio, a fala da magia, que soa como o vento, que é forte como um grande sino, revelando o oculto... Ouça-a, se tem sensibilidade para ouvir...

Nesse mundo de visões e interpretações, caminhei até hoje. Que elas lhe proporcionem sorte e dinheiro; mas lembre-se de que há em cada um de nós um profeta, um mago, um sábio. Conheça a si mesmo, e o resto será muito fácil...

CAPÍTULO 5
O DESTINO NOS
SINAIS DO CORPO

São Cipriano, o maior dos feiticeiros, dizia: "– Tudo acontece aqui na Terra como no Céu." Assim também falou Hermes, o Grande, autor da *Tábua de Esmeraldas*, poderoso manuscrito sobre Alquimia. Assim falaram todos os grandes iniciados. Sim, pois o que somos agora nada mais é do que o que fizemos, o resultado da soma de todos os nossos procedimentos e de nossas vibrações. Nada no mundo ocorre por acaso. Há uma lei eterna, a da Semeadura: tudo que se planta, se colhe. Assim, se você está sofrendo, alguma coisa fez para que isso ocorra. E, se quer deixar de sofrer, trate de mudar seus hábitos para melhor. Agindo assim, até seu rosto ficará melhor, mais puro, mais belo.

"Muitas pessoas acreditam que quem vê cara não vê coração. No entanto, segundo a magia, cada um traz estampada no rosto a sua verdadeira personalidade", diz Pomba-gira Cigana.

Os tipos humanos correspondem aos tipos astrais, afirma o Ocultismo. E tudo o que pensamos, fazemos, desejamos, vai marcando nosso físico, assim como nossa alma. Assim como os astrólogos olham os sinais nos céus e interpretam os destinos humanos, e os quiromantes lêem o destino pelas linhas da palma da mão, outros magos olham os sinais em nossa pele e fazem suas interpretações para o destino daquela pessoa. Os que fazem a leitura pelos sinais do corpo têm como protetor o deus Melampo da antiga Grécia.

Conta a tradição que em velhos livros, guardados a sete chaves nos castelos da Europa (onde moram fantasmas e bruxos) e nos templos do Himalaia (onde vivem ascetas), havia referências aos sinais que trazemos de nascença para conduzir nossa vida. Os gitanos também conheciam esses segredos e escolhiam seus feiticeiros pelas marcas no corpo e nas mãos: desde que a criança nascia, no primeiro banho, eles olhavam suas marcas pelo corpo, de nascença, e faziam as previsões.

Os mesmos sinais que existem no firmamento existem na pele do ser humano. Esses sinais se apresentam em todos; se você estudá-los, poderá encontrar a pessoa certa para seu tipo físico e viver com boas vibrações. Para que você se conheça melhor e saiba sempre com quem está lidando, vamos fazer, em primeira mão, um relato sobre a interpretação dos sinais do rosto, do corpo e da posição dos planetas na cabeça humana.

Este estudo é muito sério e jamais foi publicado desta forma, para que qualquer pessoa aprenda, pois nos tempos antigos somente os astrólogos e os sacerdotes tinham acesso a este conhecimento. Hoje estamos abrindo mão deste poderoso segredo para que você possa fazer bom uso dele.

Sinais no Corpo, Marca dos Deuses

Se olharmos para o céu, veremos brilhar muitas figuras formadas pelas estrelas e pelos planetas. Essas figuras revelam muitas coisas ocultas e mistérios profundos. Do mesmo modo, em nossa pele, existem formas e traços que constituem os astros do nosso corpo. Vejamos alguns exemplos.

Um sinal em forma de estrela, em qualquer parte do corpo, indica fortuna e felicidade.

Um sinal semelhante a uma ferradura, dizem os ciganos, mostra que a pessoa será feiticeira.

Sinais nos rins são favoráveis, indicando boa sorte.

Sinais nos ombros indicam cativeiro, prisão por amor.

Sinais no peito indicam pobreza.

Sinais nas mãos anunciam muitos filhos.

Sinais nas mãos também indicam sorte em loterias e prêmios.

Sinais nas axilas indicam sorte.

Sinais nos pés sugerem muitos amores.

Sinais nas pernas prometem vida longa.

Sinais na coxa são um bom presságio, pois dizem de riquezas.

Sinais no estômago falam de melhorias na vida após os trinta anos.

Assim falam os espíritos...

Você Tem a Marca da Felicidade na Testa?

Os sinais do rosto também têm significados importantes.

Quem tiver um sinal na fronte terá muita felicidade pela vida afora.

Um sinal junto à sobrancelha indica um casamento feliz.

Sinais na ponta do nariz mostram que seu possuidor é pessoa de muita sensualidade e por isso terá muitos apaixonados.

Um pequeno sinal na boca indica que a pessoa é bastante gulosa e tende a engordar.

Sinais no queixo dizem que seu possuidor será muito rico, pois esta é a marca da riqueza.

Uma dobrinha no queixo indica preguiça.

Sinais na nuca são de mau presságio, podem indicar morte prematura.

Um pequeno sinal na orelha mostra que seu possuidor terá muitos bens.

Os Sinais do Corpo e sua Relação com a Astrologia

Os adivinhos do ocidente não se contentam com essas interpretações, que são dos magos do oriente, e vão além: para eles, os sinais do corpo relacionam-se com os signos do zodíaco e com os planetas. Assim, os da testa são ligados aos signos de Carneiro, Touro, Gêmeos, Câncer, Virgem e Leão. Quando aparecem no nariz, os sinais são ligados à Balança. Na bochecha, a Escorpião e Sagitário. Entre o nariz e o queixo, estão ligados a Capricórnio, Peixes e Aquário. Estas interpretações são de Cardan, um grande astrólogo francês.

As linhas que surgem no rosto também têm uma relação com os planetas. A linha mais alta que surgir na testa é de Saturno; indica personalidade forte e grande vivência. A segunda linha é de Júpiter e indica boa sorte. A terceira linha na testa é de Marte e mostra que a pessoa tem caráter enérgico, que é de briga.

PELA COR DOS CABELOS E POR OUTROS CARACTERES, OS MAGOS VÊEM O FUTURO

Para os magos antigos, o cabelo era um indício por meio do qual se podia ler o destino. Eles assim diziam: cabelo seco e crespo revela uma pessoa irascível, de humor quente, colérica. Cabelo macio, sedoso, indica caráter pacífico e bom, e até uma certa timidez.

Os gitanos também fazem previsões pela forma dos dentes. Dentes pontudos revelam pessoas imprudentes ou mentirosas. Dentes bem para fora mostram pessoas que tendem a ser debochadas. Quando os dentes são muito juntos e aguçados, revelam uma compleição saudável e vaticinam vida longa, dizem os mestres em ocultismo. Quando são salientes, revelam uma personalidade insolente.

Sobre os narizes, também há nos tratados um estudo interessante: nariz curvo denuncia pessoa colérica. Nariz grosso indica pessoa bondosa. Nariz pequeno, poucas ambições. Pessoas com nariz adunco tendem a rir dos outros. Nariz grande é sinal de bondade e de amor ao próximo.

Queixo pontiagudo sugere que a pessoa tende a ser má ou a ter gostos estranhos.

Olhos rasgados, redondos e límpidos indicam bondade; dizem também que a saúde do seu possuidor é perfeita. Olhos pequenos e fundos falam de inveja. Olhos grandes e pretos falam de vingança; verdes, de traição; azuis, de ternura; e marrons são olhos de gente simples, e na simplicidade parece estar a verdade.

Pele morena indica forte sexualidade. Muito branca, pede vida tranquila. Pele escura mostra muita vitalidade e sensibilidade.

Orelhas grandes dizem que seu possuidor terá vida longa. Orelha que fica vermelha diz que a pessoa tem mau gênio. Orelhas pequenas e feias dizem que a pessoa é falsa e dada à feitiçaria.

Quanto aos homens cujas têmporas vão ficando brancas, dizem que seu caráter é honesto. A cabeça toda branca, prematuramente, fala que seu possuidor leva vida dissoluta e muito sensual.

Os indivíduos barbudos são brutais e vingativos, diz Santo Agostinho em um dos seus livros. Barba rala indica vida fácil para seu possuidor, diz Santo André. E o bruxo São Cipriano fala que quem tem pêlos em grande quantidade pelo corpo, seja homem ou mulher, terá vida longa, feliz e cheia de saúde.

Coisas do sobrenatural... terão algum valor? Basta lembrar que, como dizia Bergier – o maior mago moderno, morto há algum tempo –, a ciência deve muito à antiga magia. Sem a magia, a ciência moderna não saberia nem a metade do que sabe hoje.

A AUTORA

Maria Helena Farelli é uma autora bastante conhecida nos meios da Umbanda. Carioca, formou-se em jornalismo em 1966. Tendo ligações familiares com as tradições mágico-religiosas e afro-brasileiras, desde o início de sua carreira interessou-se por pesquisar e divulgar o assunto. O resultado da sua experiência pessoal e de seus estudos foi a publicação de dezenas de livros sobre temas como Umbanda, Candomblé, Catimbó, Cartomancia e Magia.

Como jornalista, assinou páginas sobre folclore e tradições populares em revistas e jornais de grande circulação, além de apresentar programas de rádio sobre os mesmos temas.

A união de suas experiências religiosa e profissional resultou em sua ligação com o Círculo de Escritores e Jornalistas de Umbanda do Brasil, que dirige desde 1974.

Atualmente a autora oferece cursos e consultas em diversas técnicas adivinhatórias em seu Templo de Magia Cigana, no Rio de Janeiro.